ALLÔ UNIVERS ?

par Tania DE SOUSA

AVERTISSEMENT

Ce livre contient des insultes, du sarcasme, et un humour qui pique. C'est à prendre à la légère. Si tu n'as pas de second degré, referme-le maintenant.

L'univers décline toute responsabilité émotionnelle.

© Tania DE SOUSA, 2025

En application de l'art. L137-2-1 du code de la propriété intellectuelle, toute reproduction et/ou divulgation de parties de l'œuvre dépassant le volume prévu par la loi est expressément interdite.

Édition : BoD · Books on Demand, 31 avenue Saint-Rémy, 57600 Forbach, bod@bod.fr
Impression : Libri Plureos GmbH, Friedensallee 273, 22763 Hamburg (Allemagne)

Dépôt légal : mai 2025
ISBN : 978-2-3226-3534-4

✦ "ALLÔ UNIVERS ?" ✦

Oui, c'est moi. Je t'écoute.

Mais d'abord, faut que tu saches un truc sur moi. J'ai deux grandes passions dans la vie : **l'humour insolent et me foutre de la gueule des humains.** Alors ne fais pas <u>ton fragile</u> si mes réponses tranchent un peu, disons que j'aime donner de la saveur à mes propos (*et quoi de mieux qu'un peu de piquant pour relever tout ça ?*).

Les réponses que tu vas trouver ici sont pensées pour des questions fermées. Tu sais, celles auxquelles on répond par un "*oui*", un "*non*", ou un bon "*démerde-toi tout seul*".

Pour l'utiliser, tu peux simplement **ouvrir une page au hasard** et lire le message qui t'attend, ou bien **découper les numéros** présents en fin de livre, les plier, les mélanger et en piocher un au hasard. À toi de voir ce que tu préfères.

J'ai également pensé à rajouter à la fin, un petit **glossaire des références** qui pourraient t'échapper. J'ai bien conscience que tout le monde n'est pas aussi <u>érudit que moi</u> (*après tout, vous n'êtes que de simples mortels*). Enfin, bref.

Prêt ? Alors sers-toi un verre, installe-toi confortablement, et découvre **ma sagesse cosmique.**

LA VOIE EST LIBRE, PAS DE GALÈRE À L'HORIZON. NICKEL !

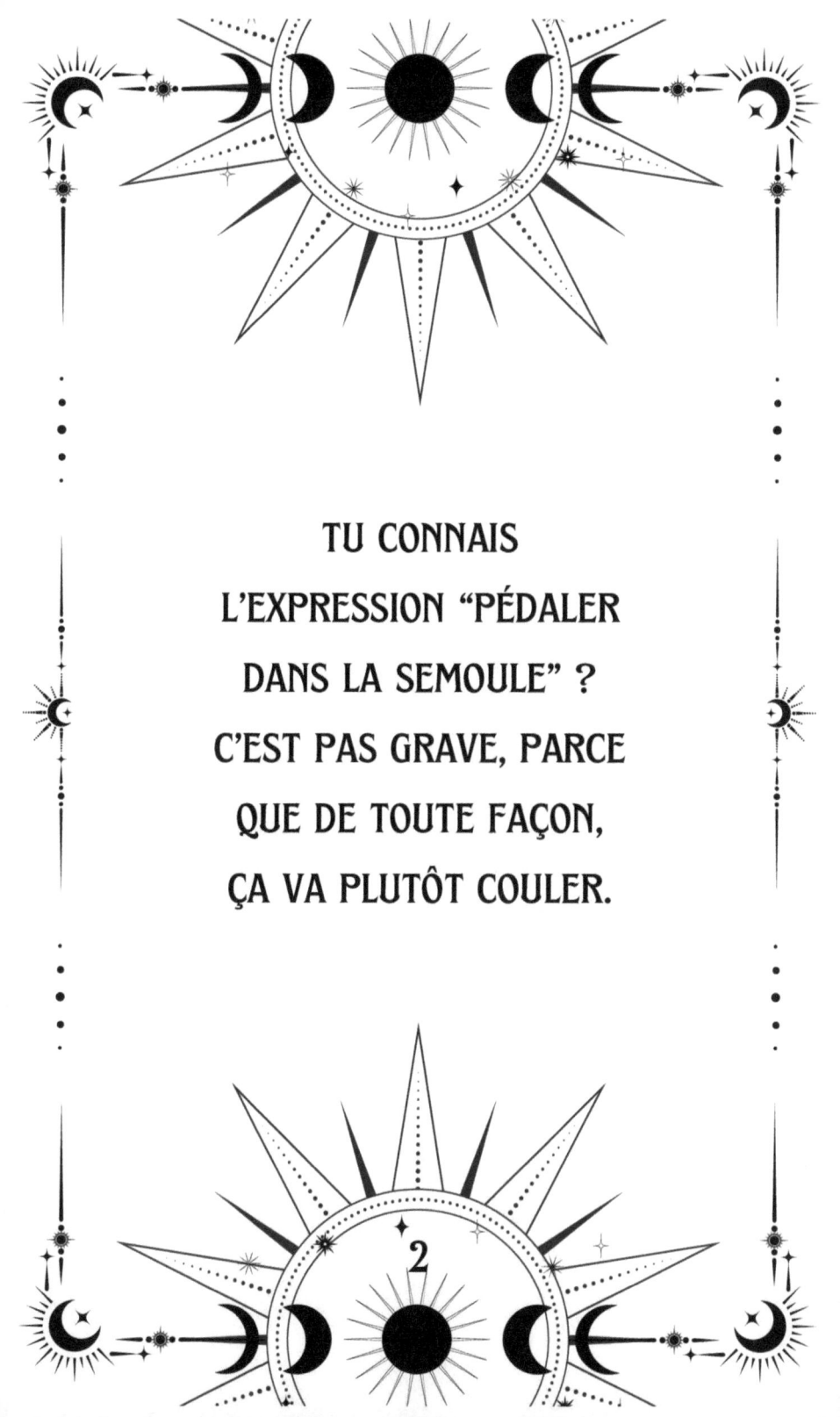

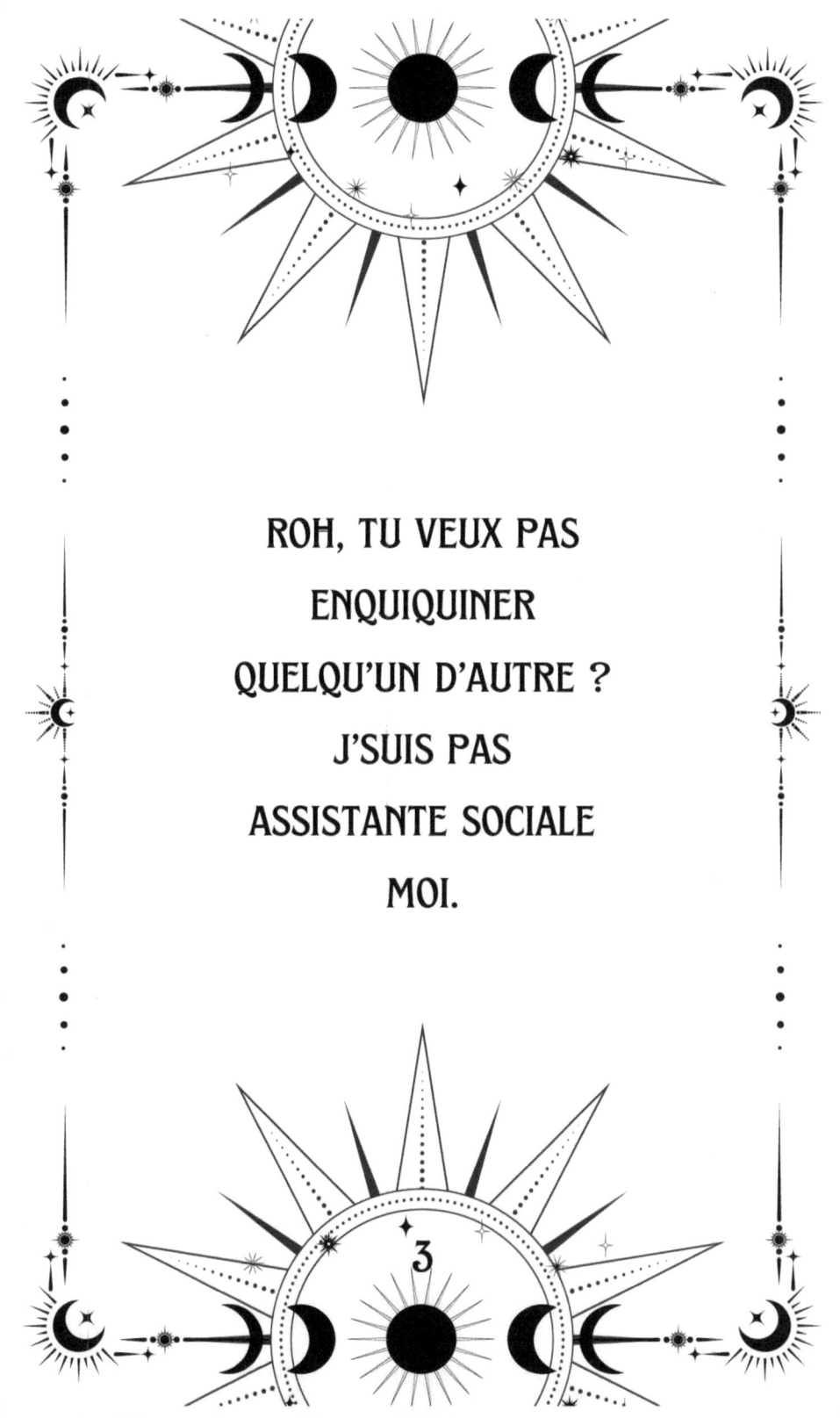

ROH, TU VEUX PAS ENQUIQUINER QUELQU'UN D'AUTRE ? J'SUIS PAS ASSISTANTE SOCIALE MOI.

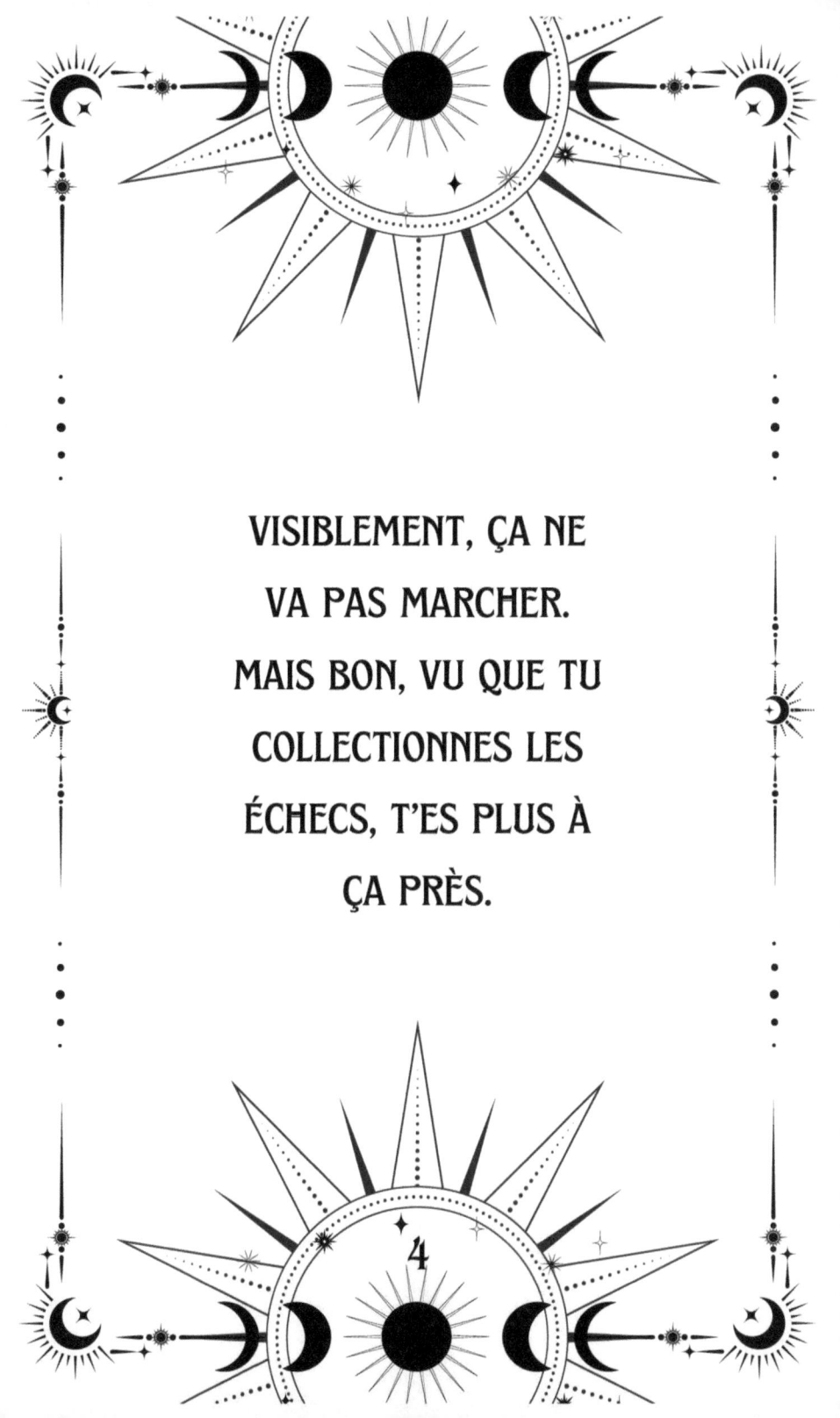

VISIBLEMENT, ÇA NE VA PAS MARCHER. MAIS BON, VU QUE TU COLLECTIONNES LES ÉCHECS, T'ES PLUS À ÇA PRÈS.

PLUS ÉVIDENT QUE ÇA, TU MEURS 💀.

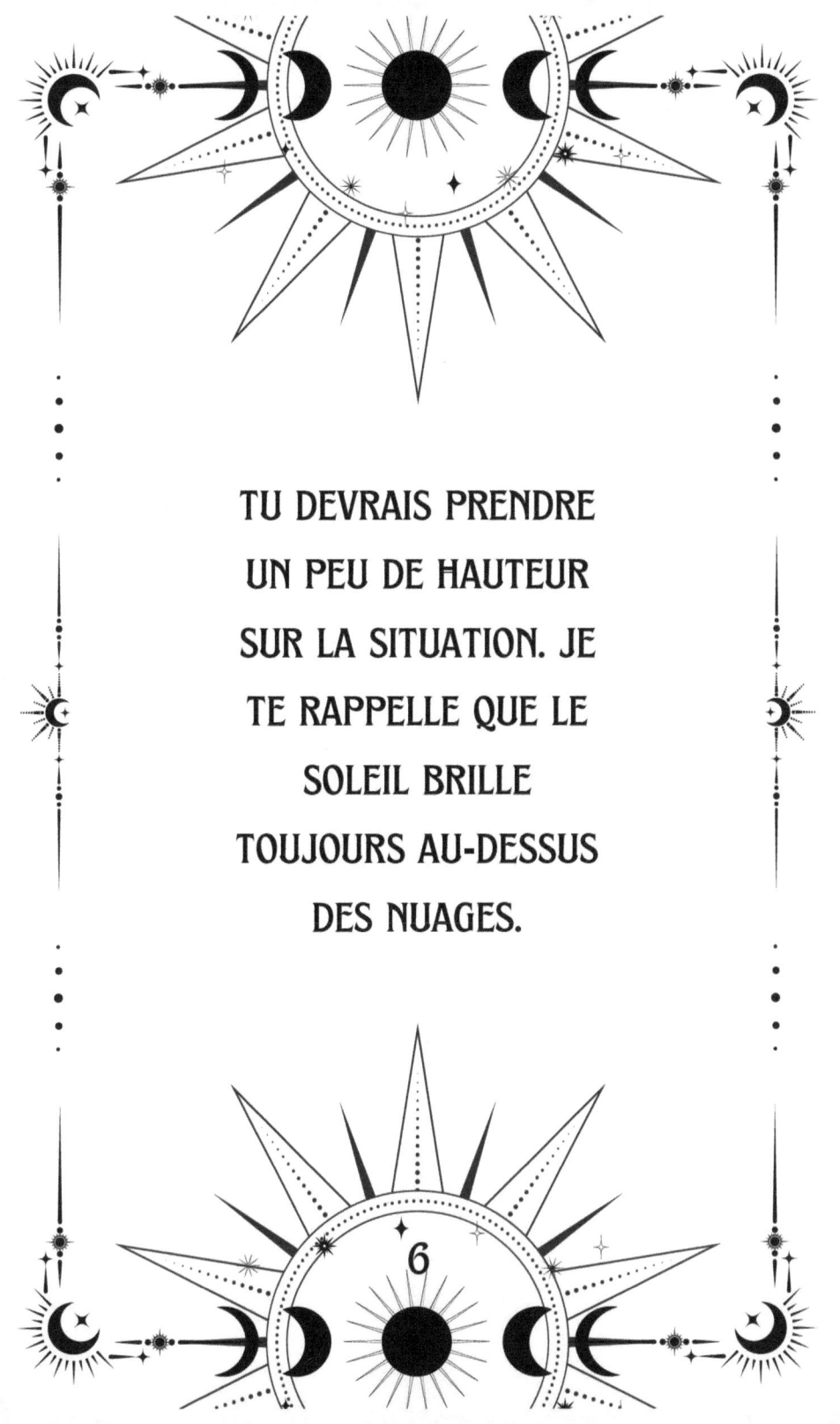

TU DEVRAIS PRENDRE UN PEU DE HAUTEUR SUR LA SITUATION. JE TE RAPPELLE QUE LE SOLEIL BRILLE TOUJOURS AU-DESSUS DES NUAGES.

ESSAYE QUAND MÊME ! SI ÇA FOIRE, T'AURAS AU MOINS UNE BONNE RAISON DE TE PLAINDRE POUR UNE FOIS.

L'ESPOIR, C'EST BIEN. MAIS ON VIT DANS LA RÉALITÉ. DÉSOLÉ, MAIS ÇA VA PAS L'FAIRE.

TU PEUX ENFIN ARRÊTER DE T'EN FAIRE ! LES PLANÈTES S'ALIGNENT, RIEN QUE POUR TOI.

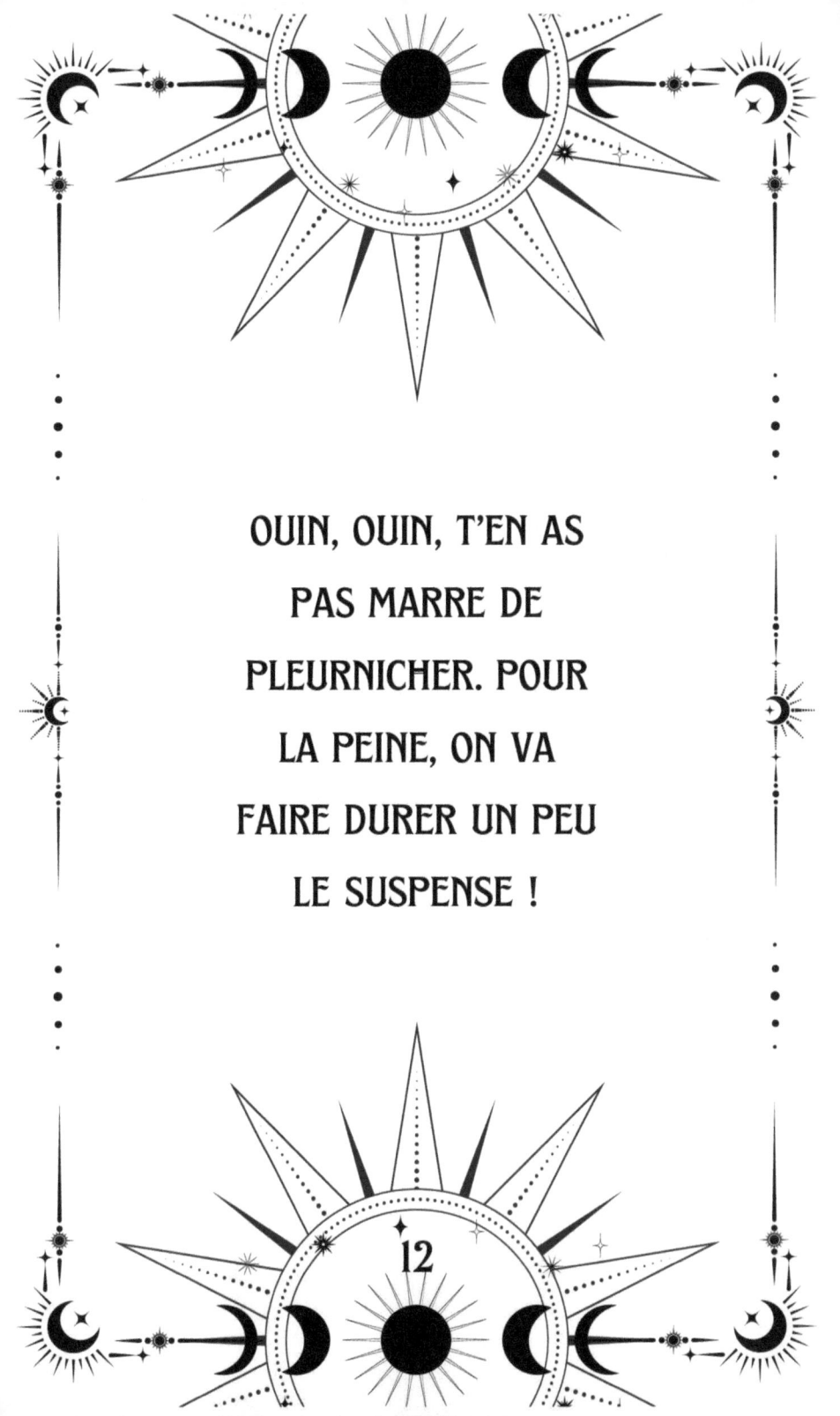

OUIN, OUIN, T'EN AS PAS MARRE DE PLEURNICHER. POUR LA PEINE, ON VA FAIRE DURER UN PEU LE SUSPENSE !

SANS AUCUN DOUTE, IL SE POURRAIT QUE, POTENTIELLEMENT, PEUT-ÊTRE, SI TOUT VA BIEN, DANS LE MEILLEUR DES CAS, AVEC UNE BONNE CONJONCTURE... IL Y AIT UNE CHANCE QUE OUI !

OUAIS, BAH VA FALLOIR TE SORTIR LES DOIGTS UN PEU, SI TU VEUX QUE ÇA SE RÉALISE.

ÇA VA ARRIVER, T'INQUIÈTE... À LA VITESSE D'UN ESCARGOT SOUS LEXOMIL,[2] MAIS ÇA ARRIVE QUAND MÊME.

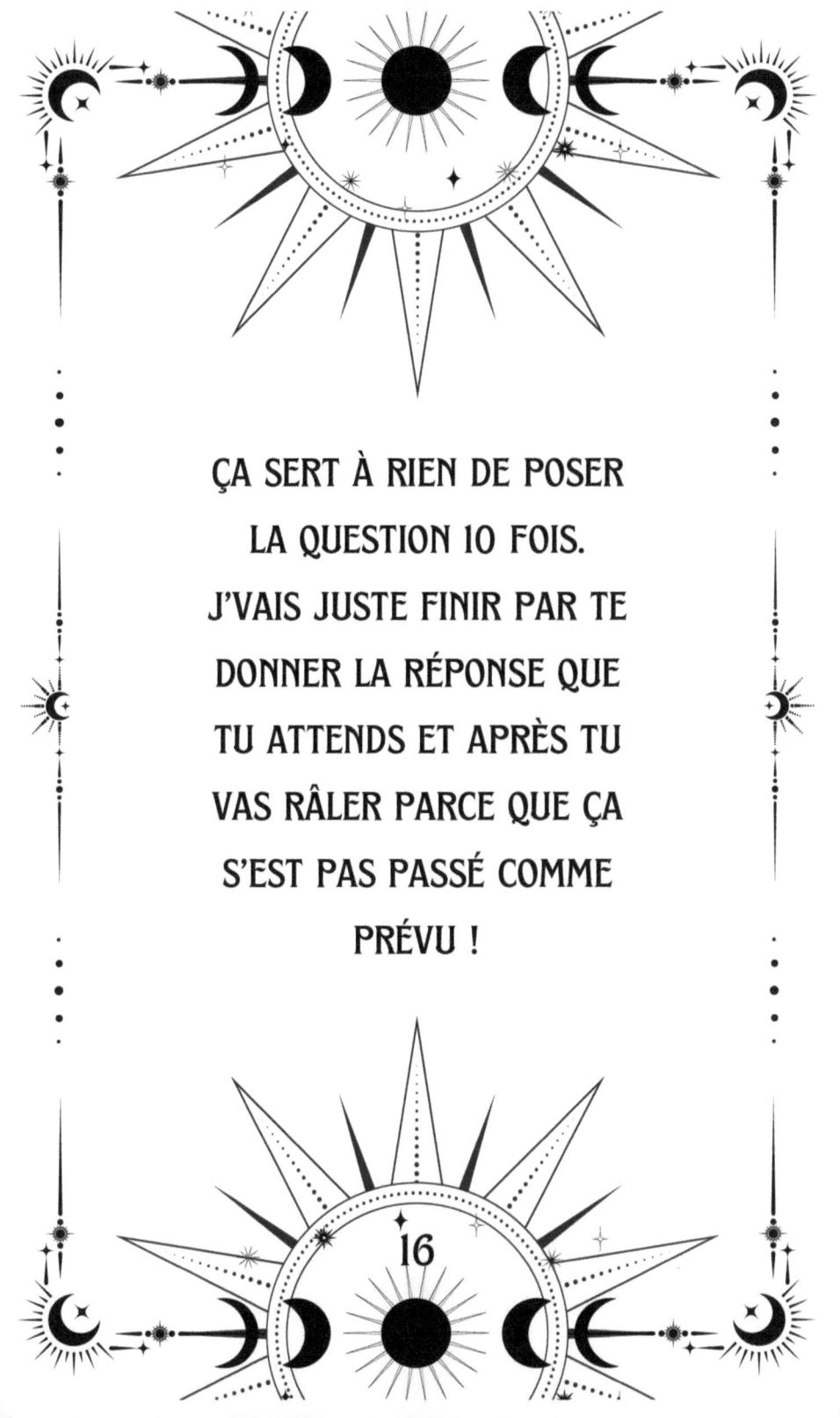

ÇA SERT À RIEN DE POSER LA QUESTION 10 FOIS. J'VAIS JUSTE FINIR PAR TE DONNER LA RÉPONSE QUE TU ATTENDS ET APRÈS TU VAS RÂLER PARCE QUE ÇA S'EST PAS PASSÉ COMME PRÉVU !

DÉSOLÉ, J'PASSE
DANS UN TROU NOIR,
ÇA CAPTE PAS BIEN.
REPOSE TA QUESTION
PLUS TARD.

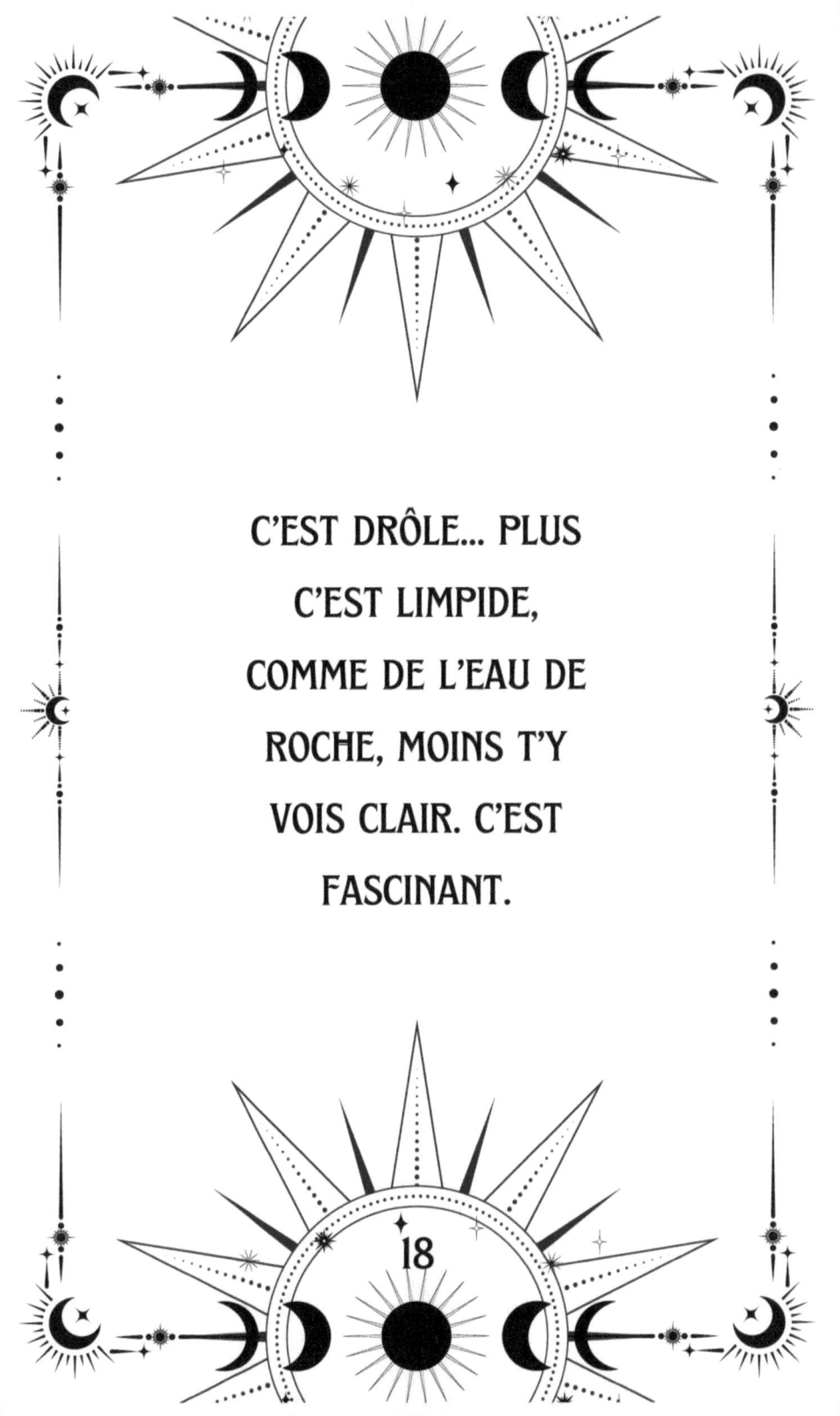

C'EST DRÔLE... PLUS C'EST LIMPIDE, COMME DE L'EAU DE ROCHE, MOINS T'Y VOIS CLAIR. C'EST FASCINANT.

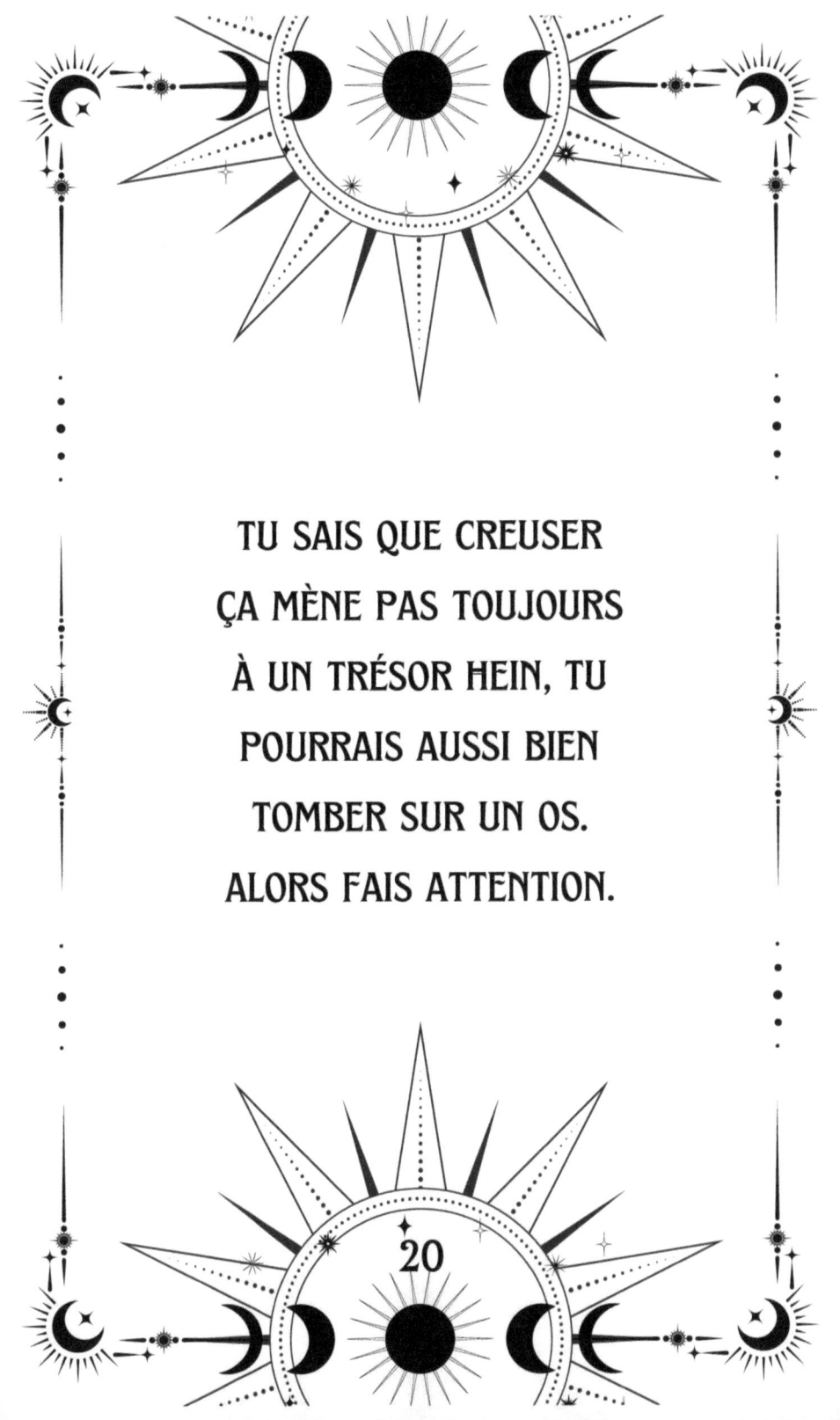

TU SAIS QUE CREUSER ÇA MÈNE PAS TOUJOURS À UN TRÉSOR HEIN, TU POURRAIS AUSSI BIEN TOMBER SUR UN OS. ALORS FAIS ATTENTION.

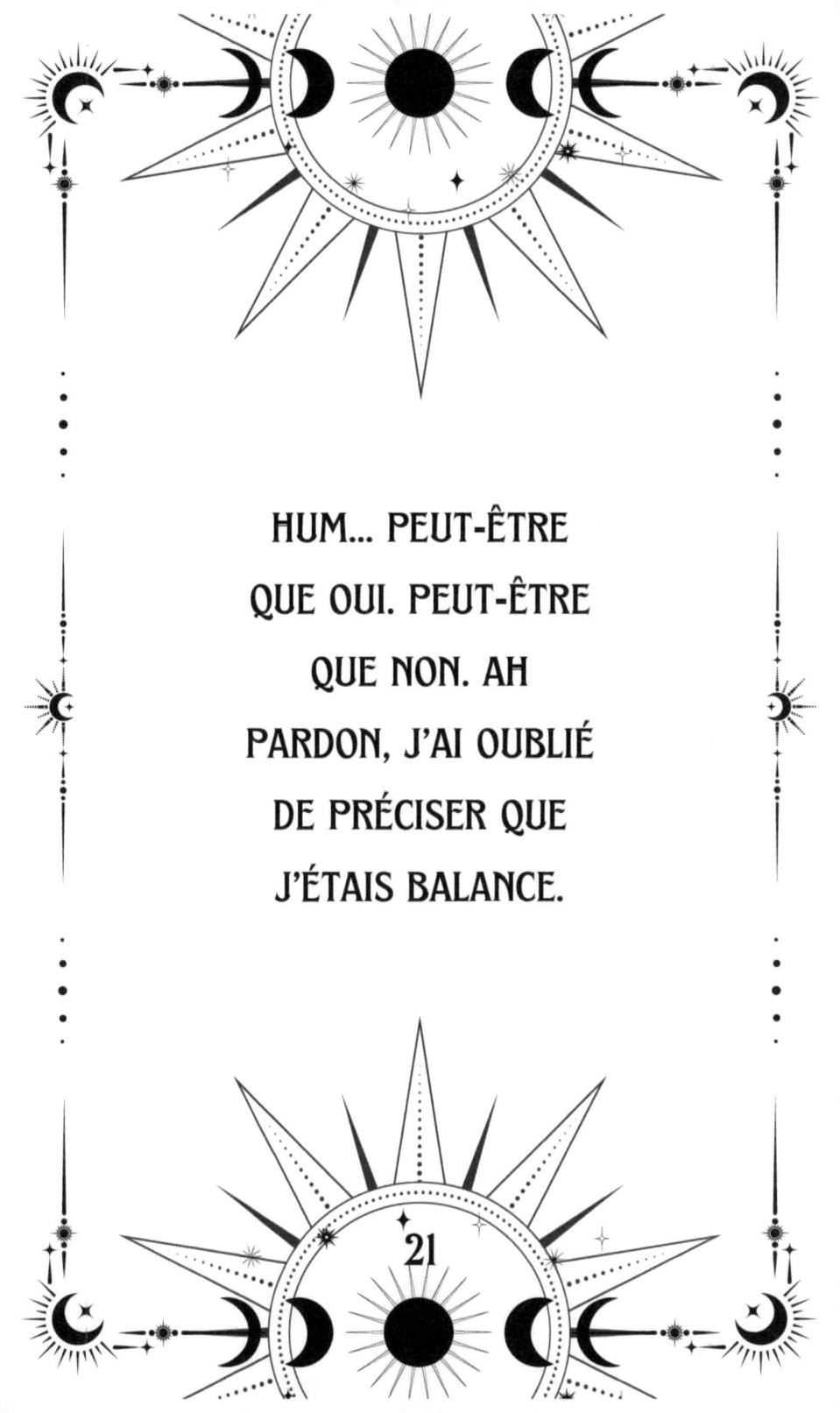

HUM... PEUT-ÊTRE QUE OUI. PEUT-ÊTRE QUE NON. AH PARDON, J'AI OUBLIÉ DE PRÉCISER QUE J'ÉTAIS BALANCE.

POURQUOI JE DEVRAIS TE RÉPONDRE ? T'EN FAIS TOUJOURS QU'À TA TÊTE... ET APRÈS, TU REVIENS EN CHIALANT.

ÇA M'A TOUT L'AIR
D'ÊTRE POSITIF.
DONC MAINTENANT,
TU PEUX TE
DÉTENDRE (ENFIN...
POUR LE MOMENT).

T'ES UNE VRAIE GIROUETTE, ET ÇA SE RESSENT DANS LES ÉNERGIES. C'EST POUR ÇA QUE C'EST LE BORDEL DANS TA VIE !

ARRÊTE DE RÉFLÉCHIR 100 ANS ET FONCE, BORDEL ! ÇA VA PAS TE TOMBER TOUT CRU DANS L'BEC.

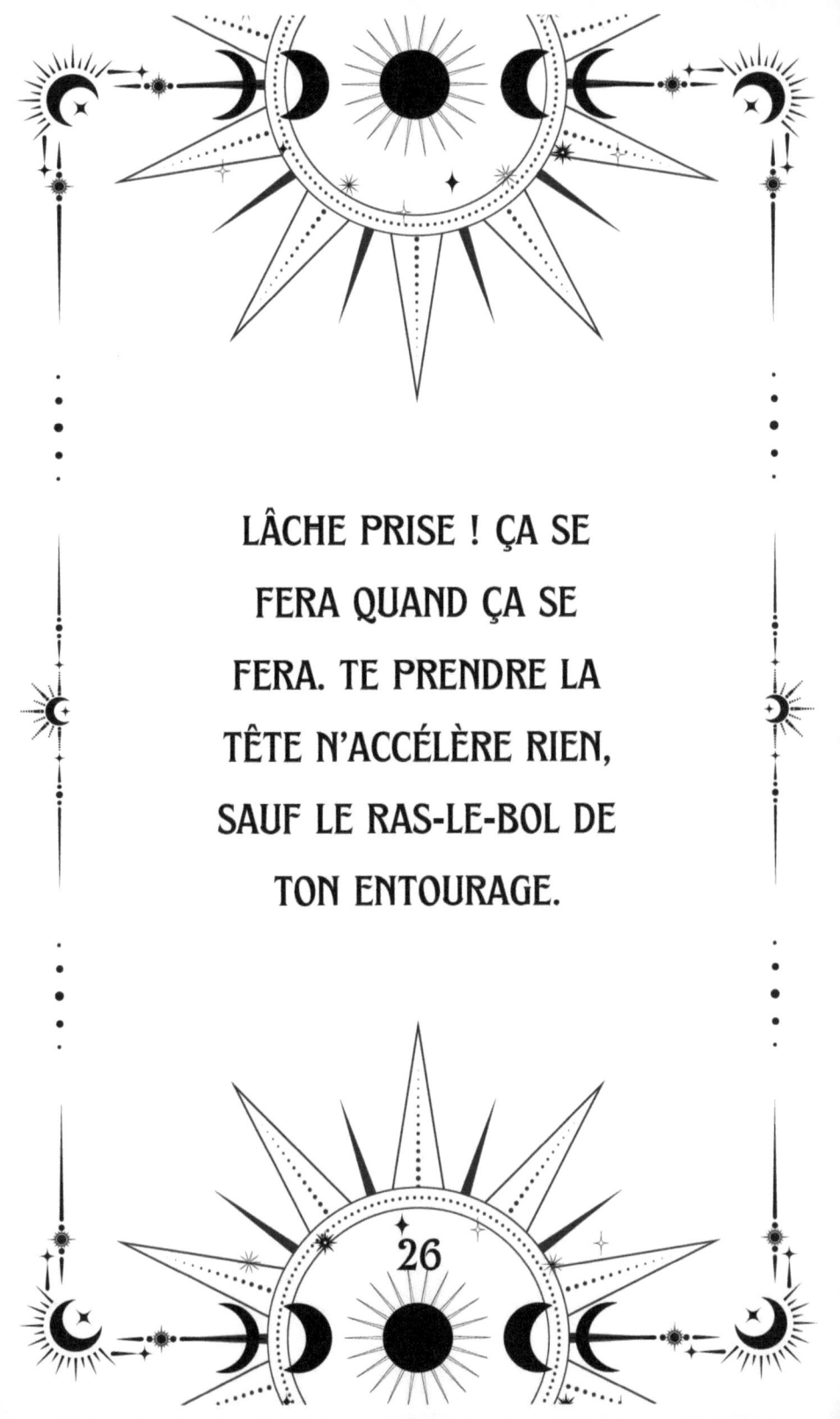

LÂCHE PRISE ! ÇA SE FERA QUAND ÇA SE FERA. TE PRENDRE LA TÊTE N'ACCÉLÈRE RIEN, SAUF LE RAS-LE-BOL DE TON ENTOURAGE.

ÇA PEUT ENCORE CHANGER, TOUS LES ÉLÉMENTS NE SONT PAS ENCORE BIEN ALIGNÉS.

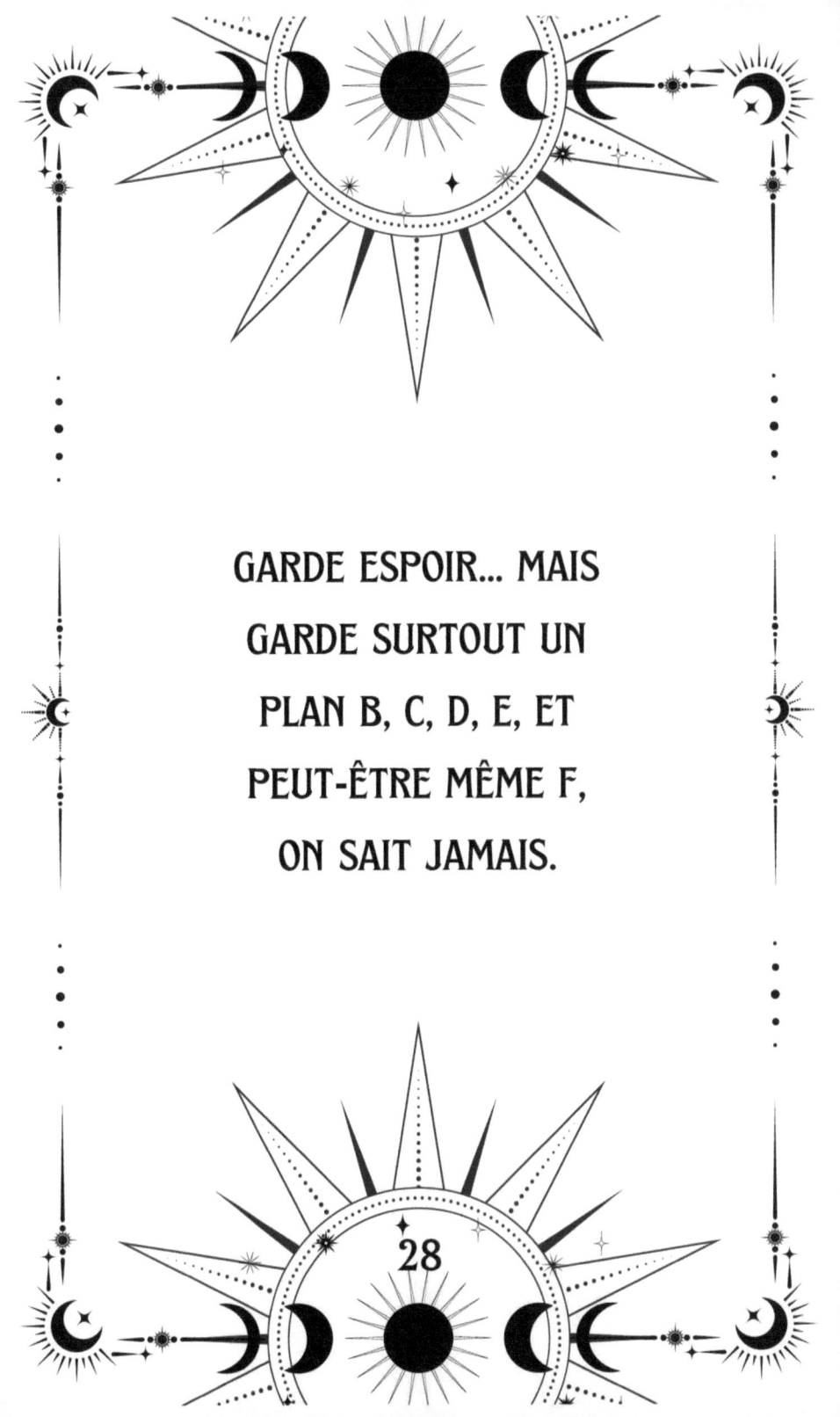

GARDE ESPOIR... MAIS GARDE SURTOUT UN PLAN B, C, D, E, ET PEUT-ÊTRE MÊME F, ON SAIT JAMAIS.

🎵 "J'Y CROIS ENCOORE ON EST VIVANT TANT QU'ON EST FORT". OUPS, LARA,³ SORS DE CE CORPS. PARCE QUE MOI, JE N'Y CROIS PLUS DU TOUT POUR TOI.

CHANGE DE DISQUE, J'EN PEUX PLUS DE TES JÉRÉMIADES.

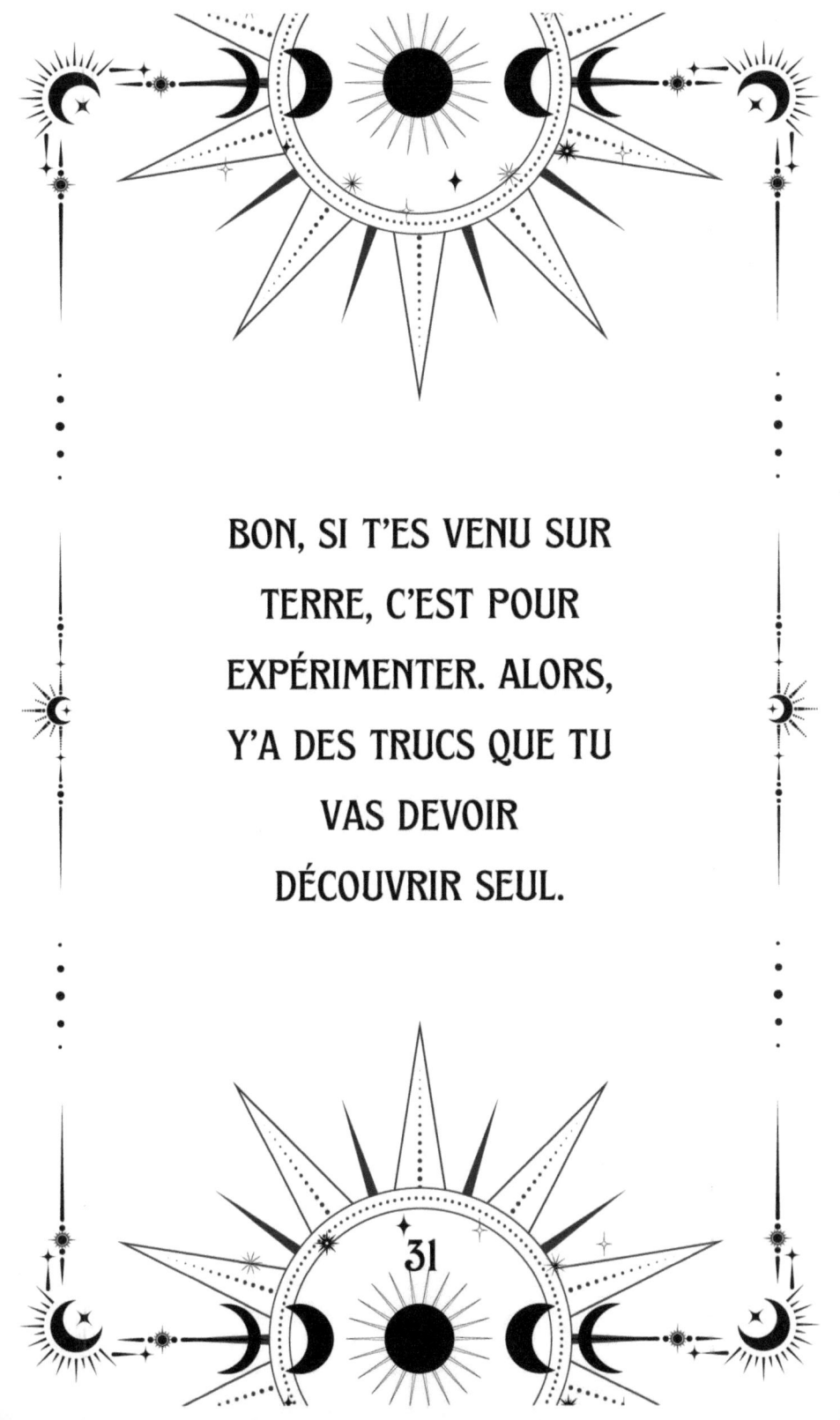

BON, SI T'ES VENU SUR TERRE, C'EST POUR EXPÉRIMENTER. ALORS, Y'A DES TRUCS QUE TU VAS DEVOIR DÉCOUVRIR SEUL.

NE COMPTE PAS
TROP LÀ-DESSUS.
COMPTE PLUTÔT
SUR LA BOUFFE,
ÇA, ÇA NE DÉÇOIT
JAMAIS.

ALORS, JE SUIS PEUT-ÊTRE L'UNIVERS, MAIS JE SUIS PAS LE TOUT-PUISSANT NON PLUS, ET TON CAS DÉPASSE MES COMPÉTENCES.

ON TE DIT GAUCHE, TU REGARDES À DROITE. ALORS DÉBROUILLE-TOI CETTE FOIS.

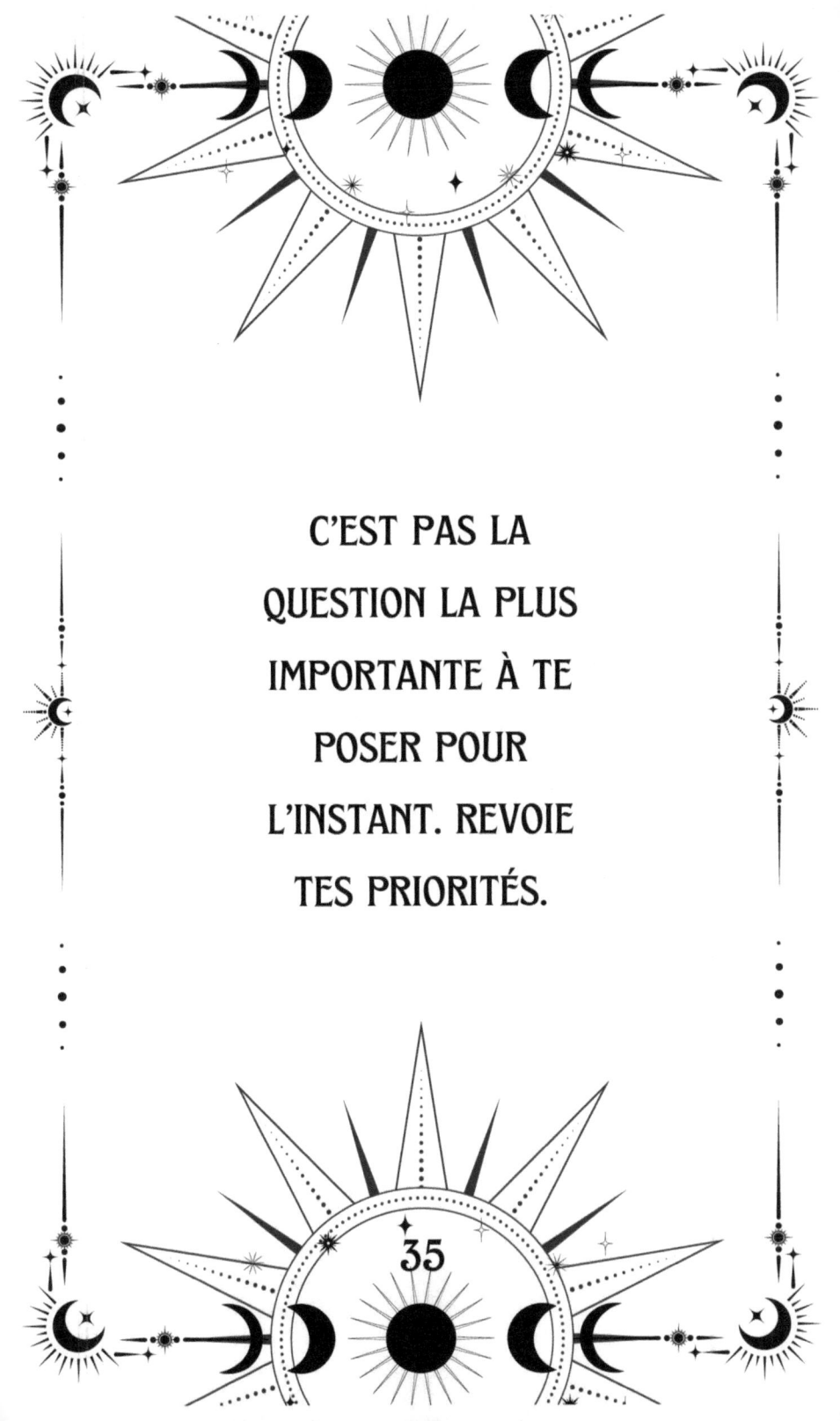

C'EST PAS LA QUESTION LA PLUS IMPORTANTE À TE POSER POUR L'INSTANT. REVOIE TES PRIORITÉS.

C'EST UNE AFFAIRE QUI ROULE COMME SUR DES ROULETTES... ET PAS DE BOSSE EN VUE ! ALORS CONTINUE DE PÉDALER, FEIGNASSE.

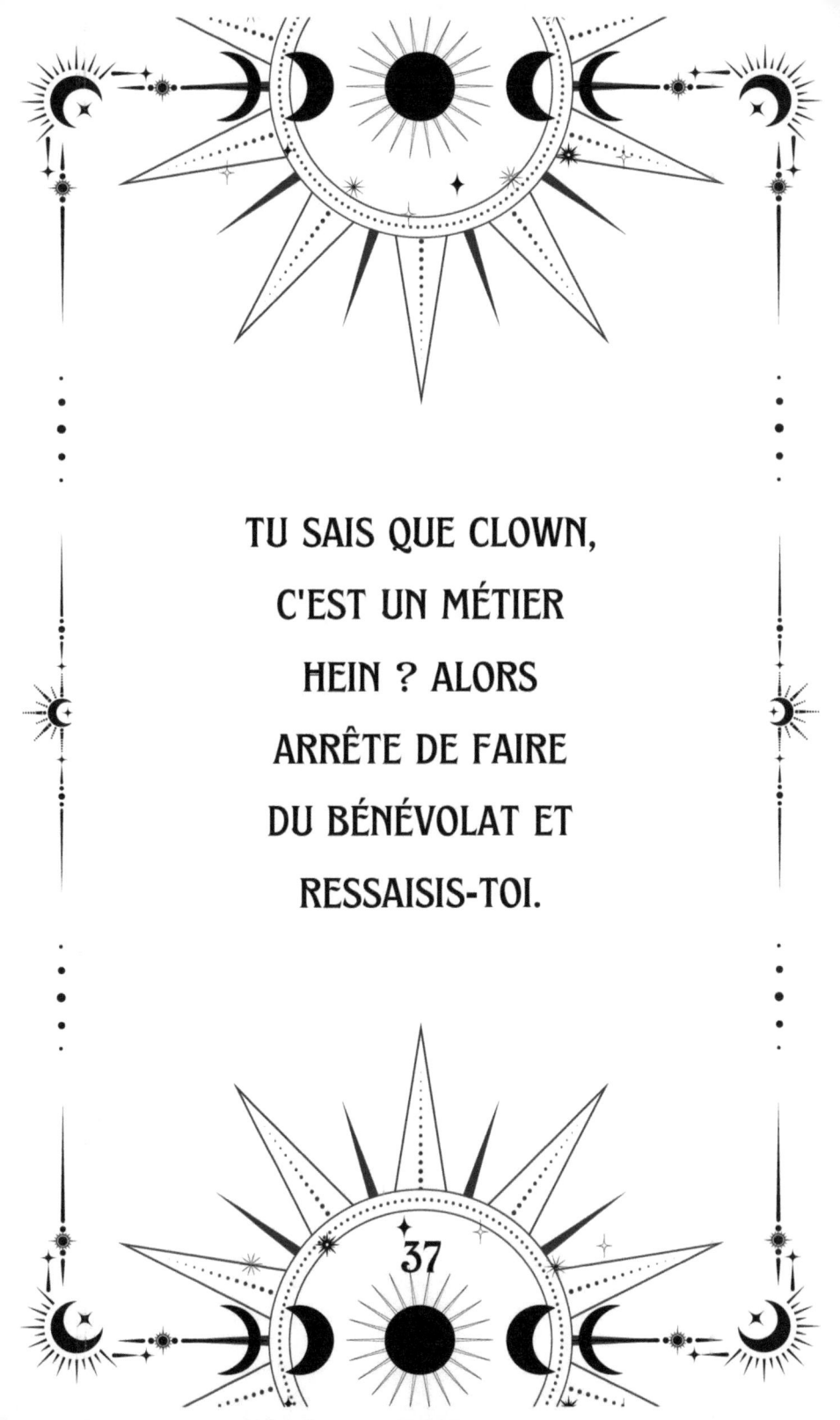

TU SAIS QUE CLOWN, C'EST UN MÉTIER HEIN ? ALORS ARRÊTE DE FAIRE DU BÉNÉVOLAT ET RESSAISIS-TOI.

ÇA SE PROFILE À MERVEILLE ! KIFF BIEN, ÇA RISQUE DE NE PAS DURER.

NE PERDS PAS ESPOIR !
SI DU CHAOS, ON A PU
FAIRE NAÎTRE UNE
ÉTOILE, C'EST QUE TON
CAS N'EST PAS
SI DÉSESPÉRÉ ^^.

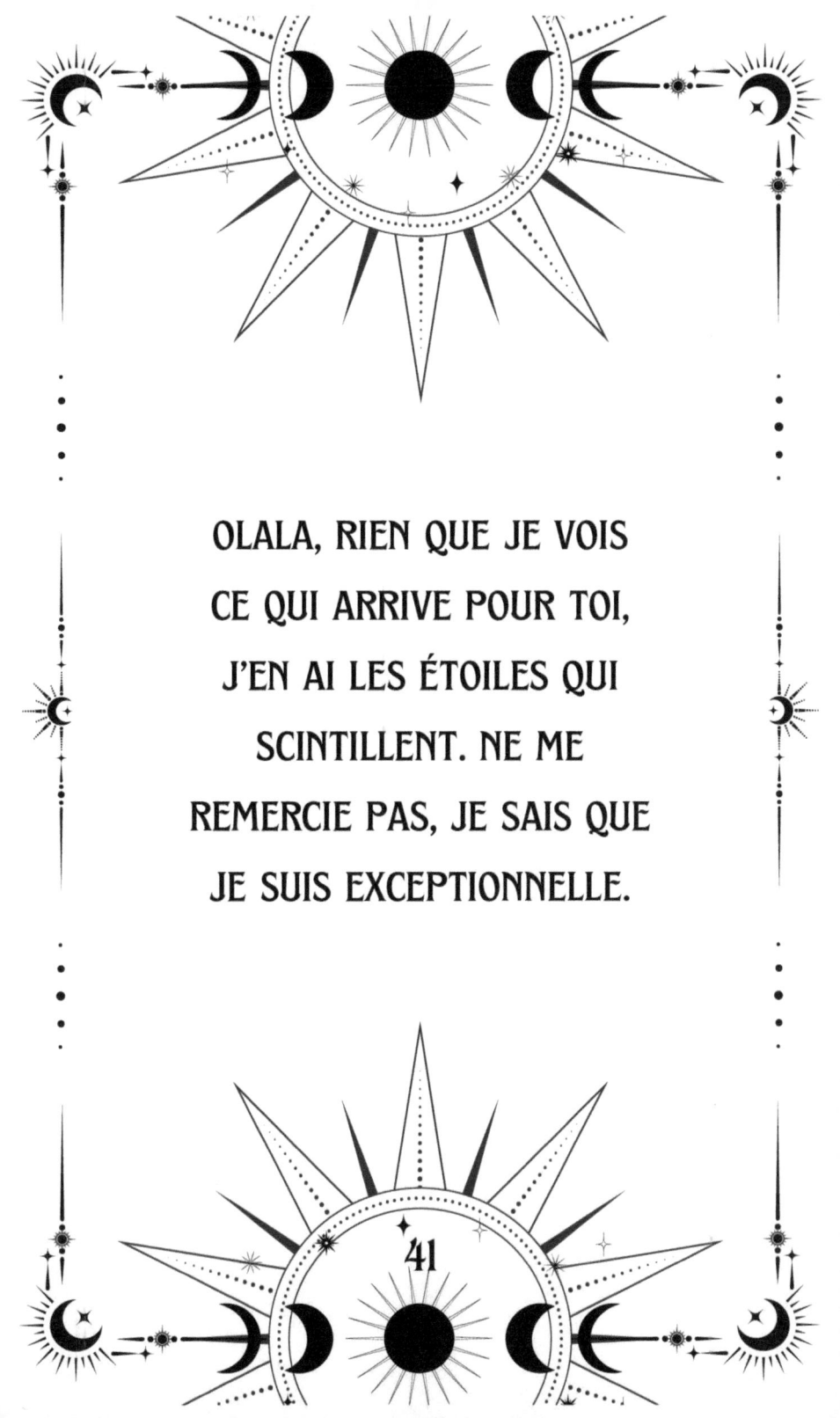

OLALA, RIEN QUE JE VOIS CE QUI ARRIVE POUR TOI, J'EN AI LES ÉTOILES QUI SCINTILLENT. NE ME REMERCIE PAS, JE SAIS QUE JE SUIS EXCEPTIONNELLE.

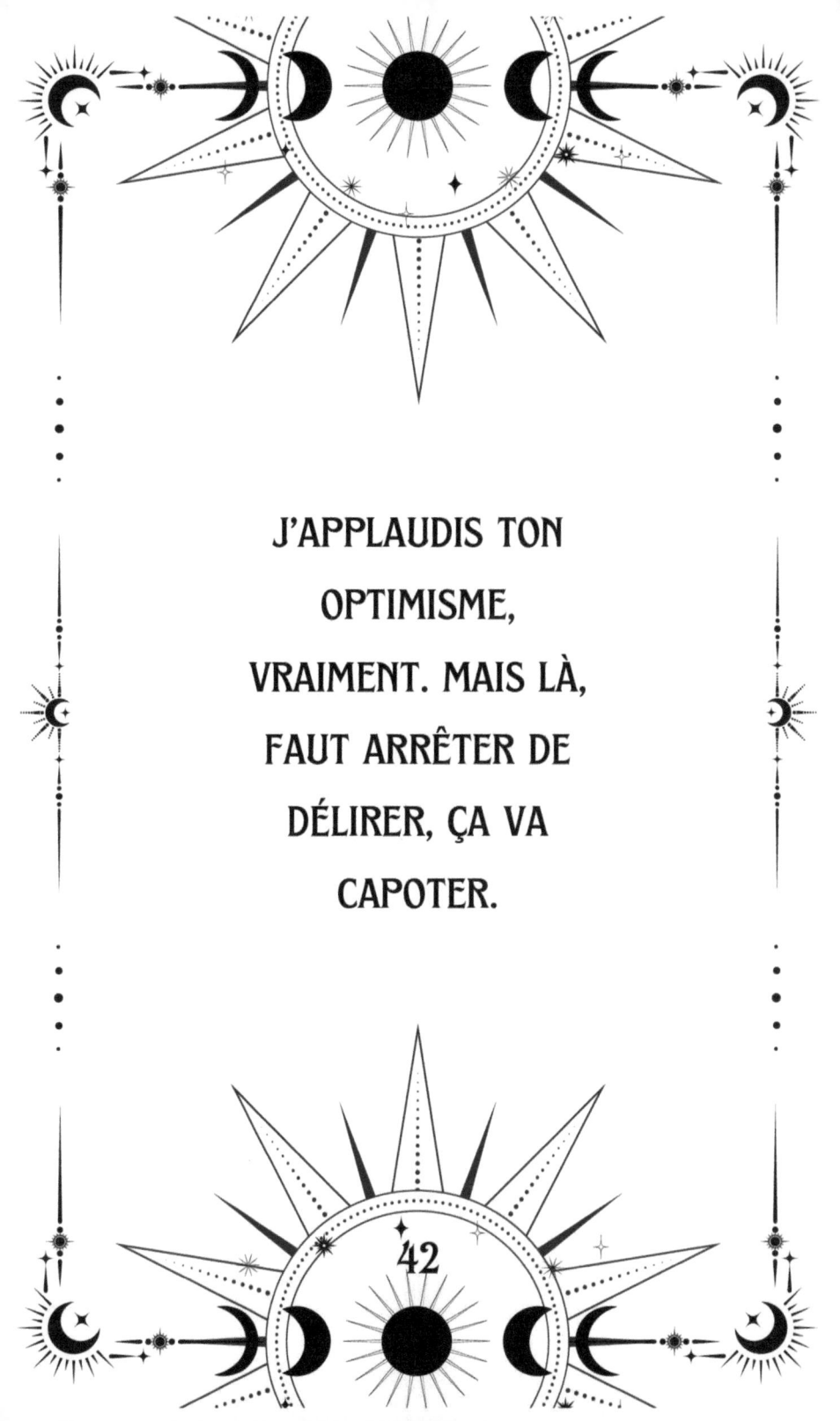

LA PARTIE N'EST PAS
ENCORE TERMINÉE !
ALORS ARRÊTE DE
PLEURNICHER ET
ACCROCHE-TOI BORDEL.

HUM, PEUT-ÊTRE QUAND LES POULES AURONT DES DENTS.

LAISSE TOMBER :
À FORCE DE
POIREAUTER, TU VAS
FINIR PAR TE
TRANSFORMER EN
LÉGUME.

ARGH, IL SEMBLERAIT QU'UN CONNARD OU QU'UNE CONNASSE BLOQUE LA SITUATION. TRY AGAIN.[4]

J'LE SENS BIEN, ET FAIS-MOI CONFIANCE, J'AI DU FLAIR POUR CES CHOSES-LÀ. (ET DES MILLIARDS D'ANNÉES D'EXPÉRIENCES.)

JE VAIS PAS T'FAIRE DE FAUSSES PROMESSES (J'AI PAS LE NIVEAU DE TON EX) MAIS ÇA A L'AIR D'ÊTRE UN OUI ^^.

T'AS TELLEMENT LA TÊTE DANS LES NUAGES QUE TU NE REMARQUES MÊME PAS LES PETITES ÉCLAIRCIES. DOMMAGE.

TU FATIGUES AVEC
TES QUESTIONS,
MÊME TON GUIDE [5]
EST EN BURN-OUT. [6]

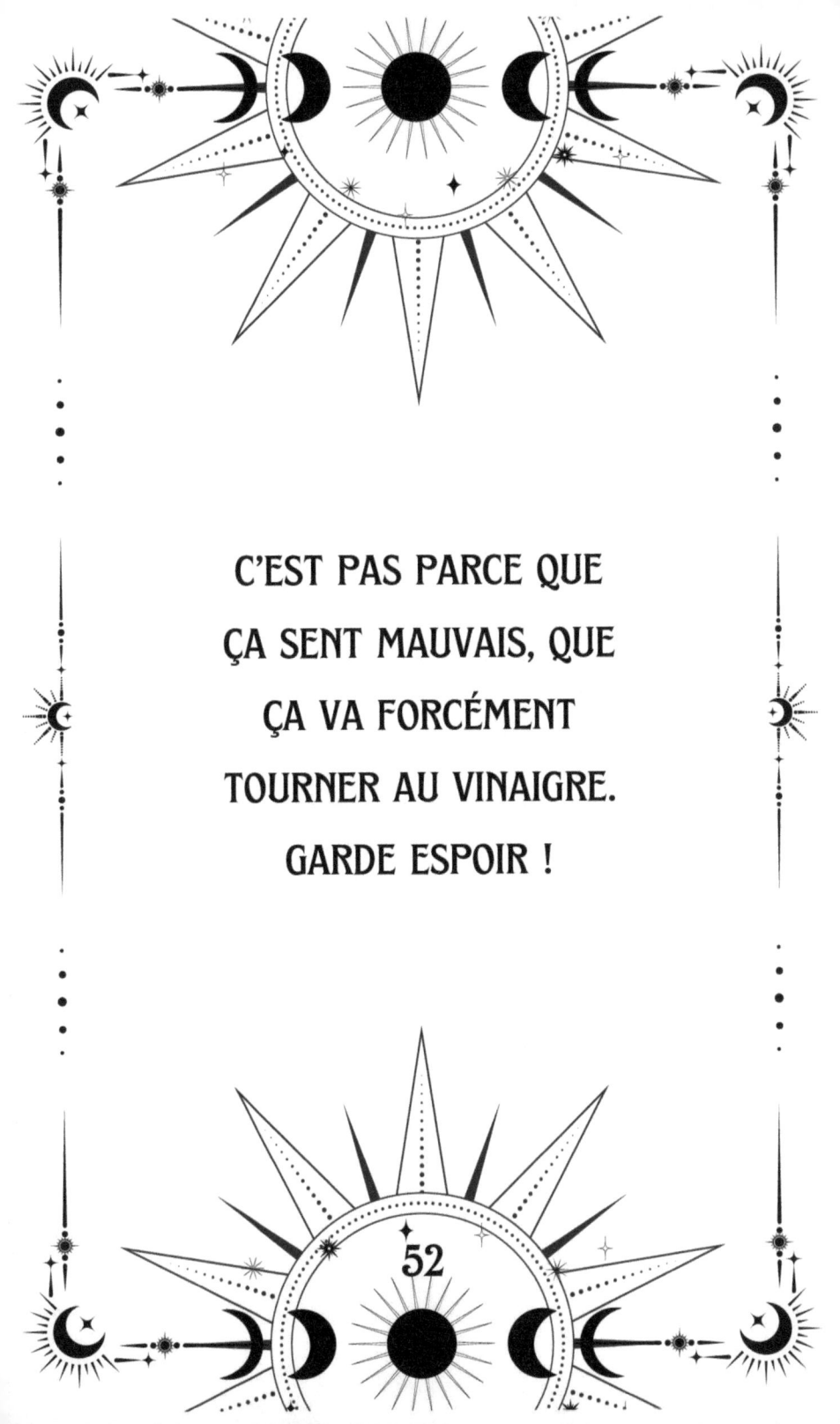

C'EST PAS PARCE QUE ÇA SENT MAUVAIS, QUE ÇA VA FORCÉMENT TOURNER AU VINAIGRE. GARDE ESPOIR !

C'EST INCERTAIN. DÉSOLÉ, MAIS T'ES PAS LE CENTRE DU MONDE : Y'A D'AUTRES VARIABLES DANS L'ÉQUATION.

TANT QUE TU GAGNES, CONTINUE DE JOUER. MAIS, ATTENTION DE PAS MISER SUR LE MAUVAIS CHEVAL !

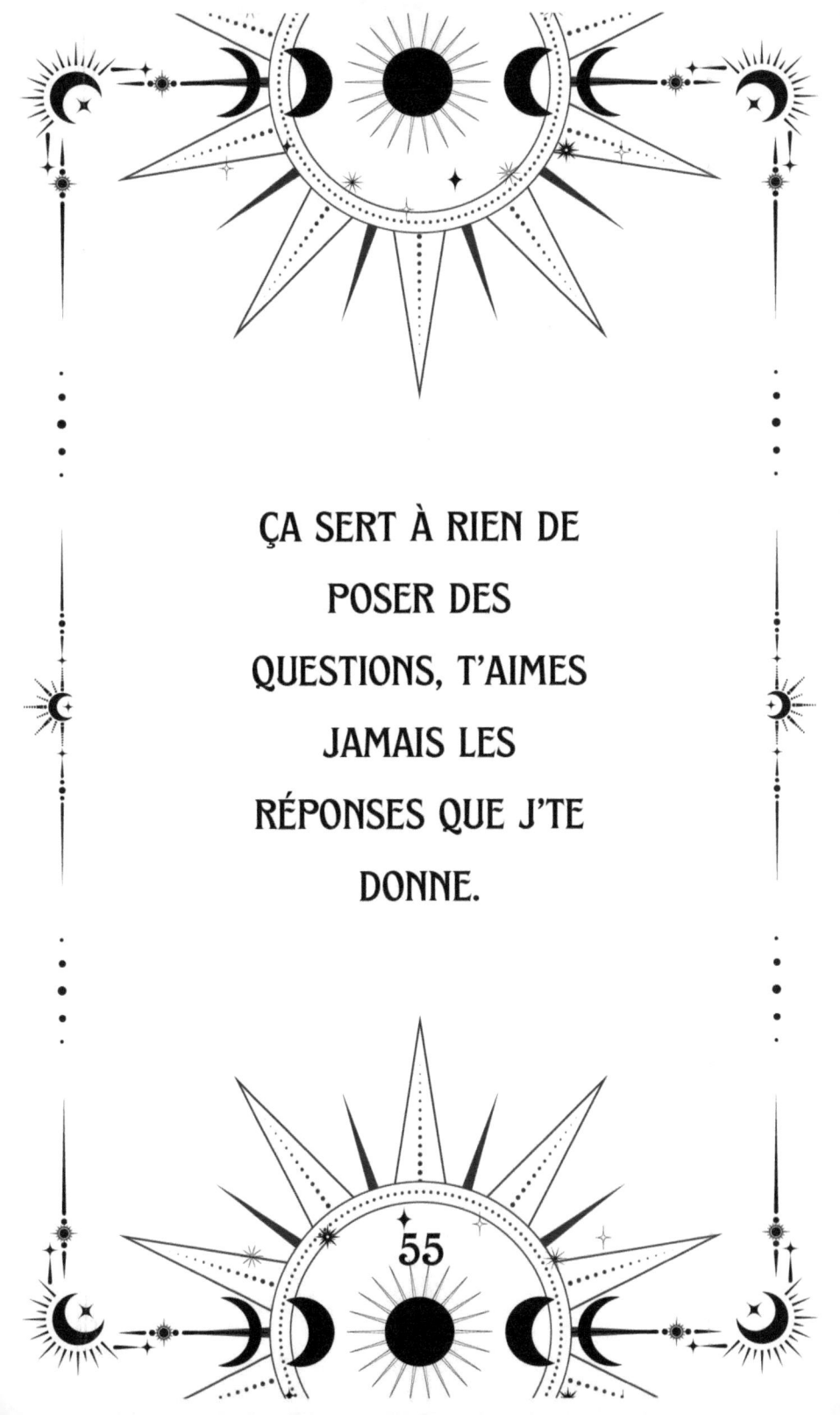

ÇA SERT À RIEN DE POSER DES QUESTIONS, T'AIMES JAMAIS LES RÉPONSES QUE J'TE DONNE.

JE CROIS BIEN QUE LA FORCE [7] EST AVEC TOI SUR CE COUP-LÀ ! ALORS DÉGAINE LE SABRE LASER ET VA CONQUÉRIR LE MONDE !

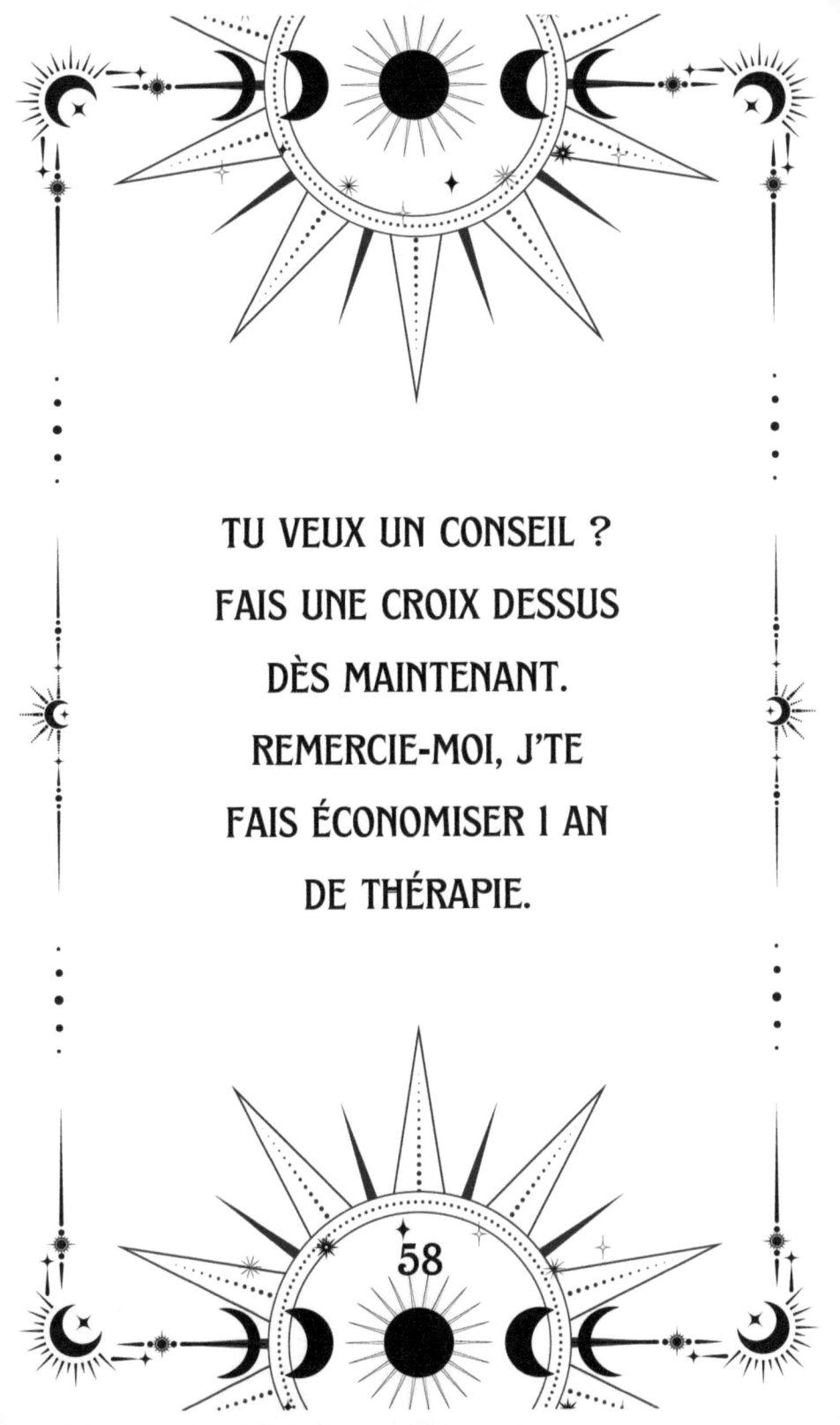

TU VEUX UN CONSEIL ?
FAIS UNE CROIX DESSUS
DÈS MAINTENANT.
REMERCIE-MOI, J'TE
FAIS ÉCONOMISER 1 AN
DE THÉRAPIE.

TROP COOL, DES PORTES VONT BIENTÔT S'OUVRIR POUR TOI ! (TE LES PRENDS JUSTE PAS DANS LA GUEULE EN PASSANT)

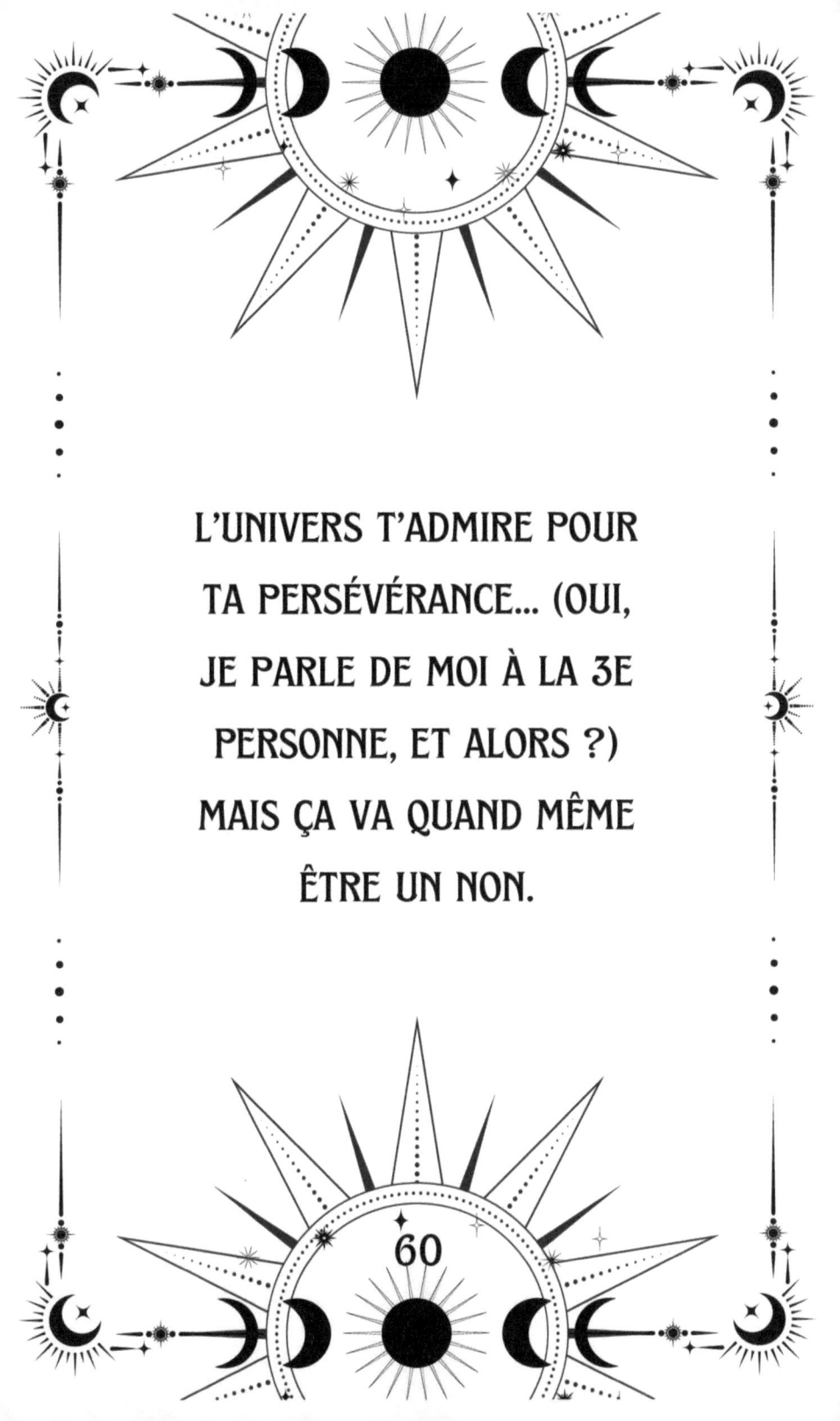

L'UNIVERS T'ADMIRE POUR TA PERSÉVÉRANCE... (OUI, JE PARLE DE MOI À LA 3E PERSONNE, ET ALORS ?) MAIS ÇA VA QUAND MÊME ÊTRE UN NON.

TU AS DE CES QUESTIONS... TU RÉFLÉCHIS PARFOIS OU TON CERVEAU, C'EST JUSTE UN ACCESSOIRE ?

TU NE SERAIS PAS CROISÉ AVEC UN POISSON ROUGE, PAR HASARD ? NON, PARCE QUE CETTE SITUATION, T'Y ES DÉJÀ PASSÉ... ET TU REMETS ÇA !

C'EST PAS QUE JE T'IGNORE, C'EST JUSTE QUE JE SUIS EN ORBITE AUTOUR D'AUTRES PRIORITÉS.

IL SEMBLERAIT QUE ÇA TOURNE À TON AVANTAGE ! COMME QUOI, TOUT ARRIVE, MÊME LES MIRACLES.

COMME DISAIT LA MÈRE DE FORREST[8] : "LA VIE C'EST COMME UNE BOÎTE DE CHOCOLAT, ON NE SAIT JAMAIS SUR QUOI ON VA TOMBER". JE TE LAISSE GOÛTER DU COUP, MAIS ATTENTION À LA CRISE DE FOIE !

TRANQUILLE, ÇA VA BIEN SE PASSER ! J'AI LES PLANÈTES TOUTES DÉSALIGNÉES À CAUSE DE TES PRISES DE TÊTE INCESSANTES.

TOUT EST ENCORE
POSSIBLE !
GARDE LA FOI
(T'FAÇON IL NE TE
RESTE QUE ÇA).

C'EST MAL BARRÉ...

C'EST EN CHEMIN, C'EST SÛR ! MAIS J'AI JAMAIS PRÉCISÉ EN QUELLE ANNÉE. SORRY.[9]

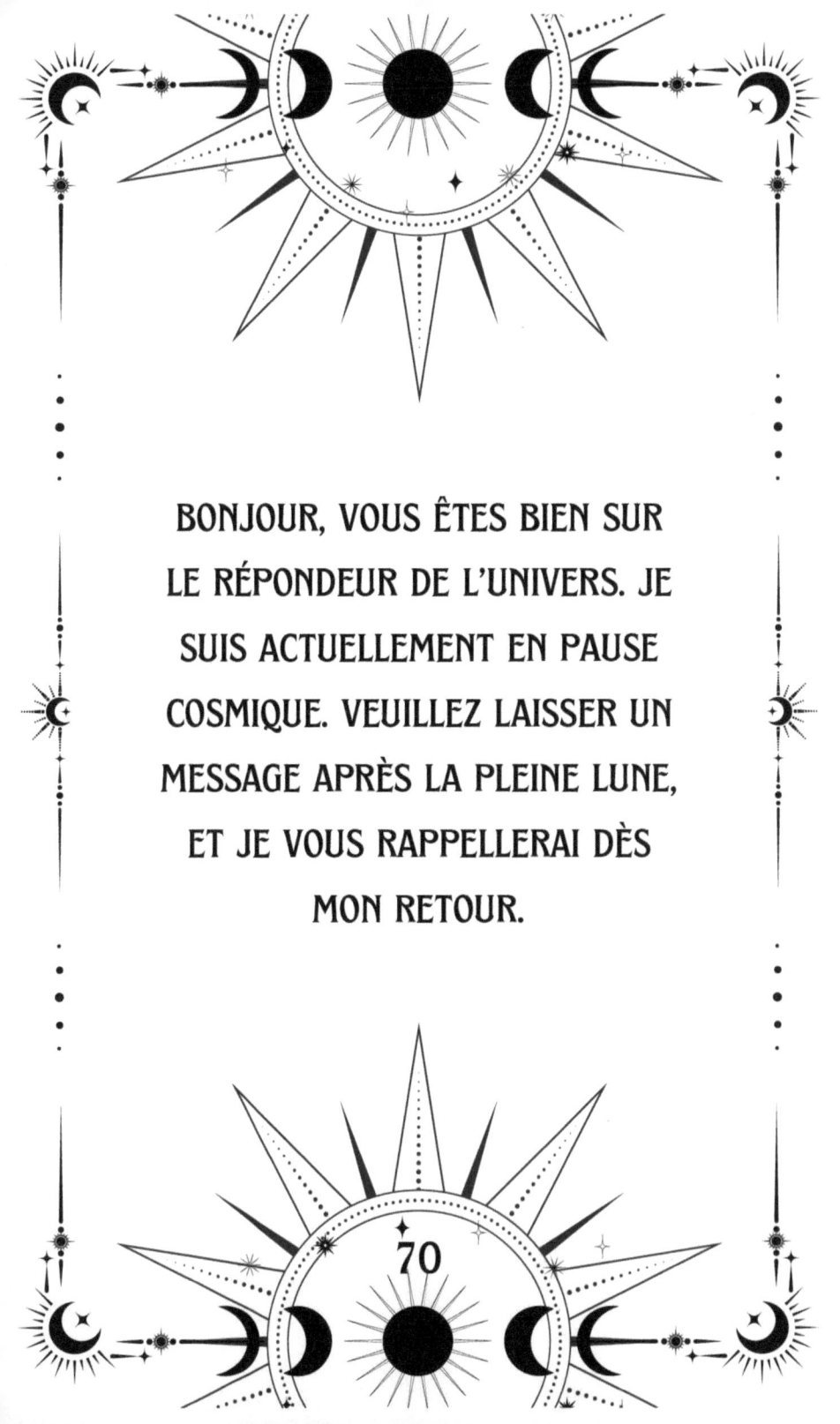

BONJOUR, VOUS ÊTES BIEN SUR LE RÉPONDEUR DE L'UNIVERS. JE SUIS ACTUELLEMENT EN PAUSE COSMIQUE. VEUILLEZ LAISSER UN MESSAGE APRÈS LA PLEINE LUNE, ET JE VOUS RAPPELLERAI DÈS MON RETOUR.

HEUREUSEMENT QUE TOUS LES HUMAINS NE SONT PAS AUSSI RELOUS QUETOI, J'AURAIS DÉMISSIONNÉ DEPUIS LONGTEMPS. ET LA RÉPONSE EST TOUJOURS NON.

BRAVO POUR TA PERSÉVÉRANCE, MAIS C'EST PAS GAGNÉ... TROUVE-TOI UN NOUVEAU HOBBY[10] PLUTÔT.

FÉLICITATIONS ! TU AS GAGNÉ LE DROIT DE VOIR PAR TOI-MÊME. TU VIENDRAS ME DIRE COMMENT ÇA S'EST PASSÉ. HIHI.

SOIS ATTENTIF, TU AURAS TA RÉPONSE DANS LES SYNCHRONICITÉS[11] PROCHAINES. QU'EST-CE QUE TU CROIS ? QUE J'FAIS LES CHOSES PAR HASARD ?

ARRÊTE DE T'ACCROCHER COMME UNE MOULE À SON ROCHER. TU SENS PEUT-ÊTRE LA MARÉE, MAIS T'ES PAS UN MOLLUSQUE, SI ?

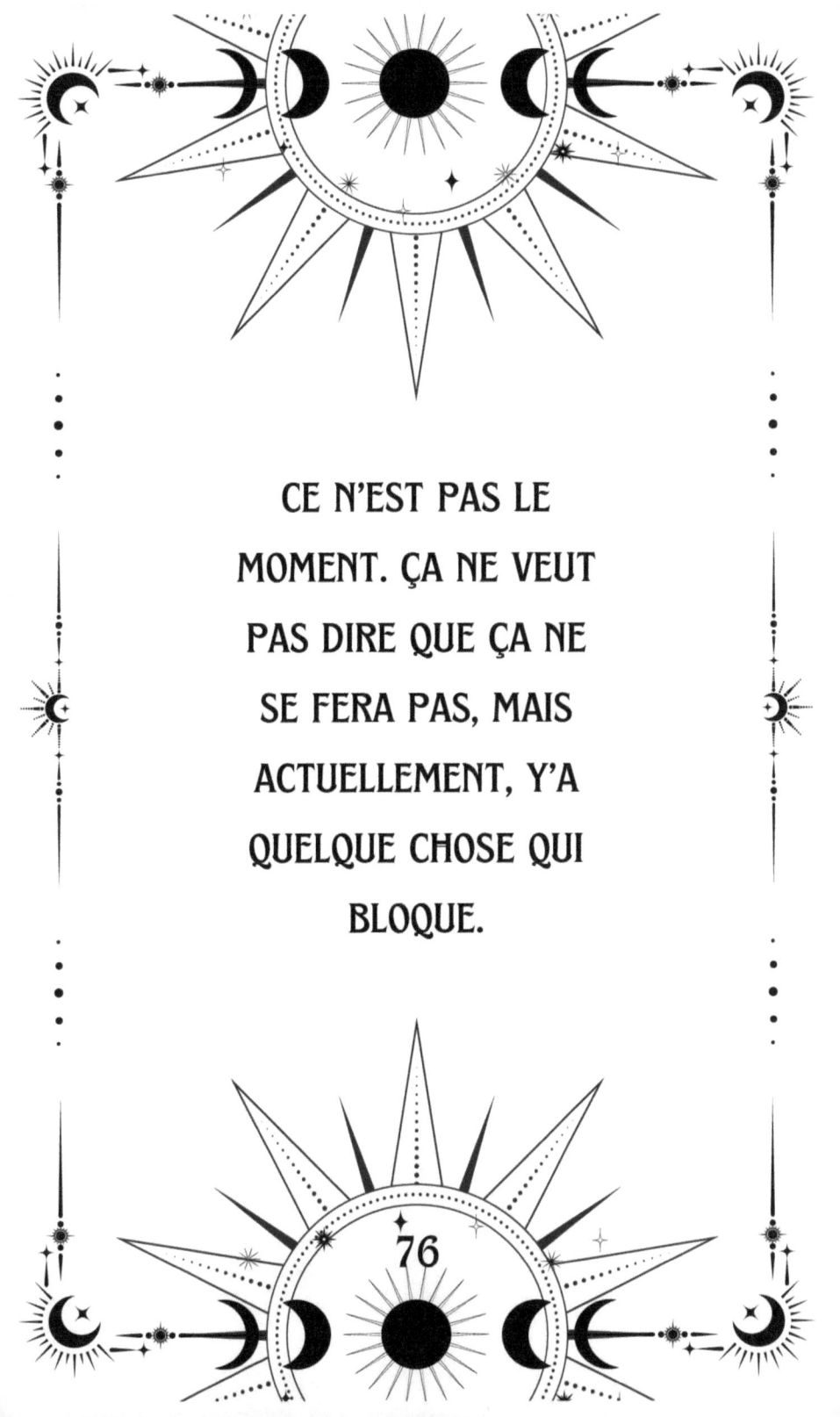

CE N'EST PAS LE MOMENT. ÇA NE VEUT PAS DIRE QUE ÇA NE SE FERA PAS, MAIS ACTUELLEMENT, Y'A QUELQUE CHOSE QUI BLOQUE.

TOUTES LES RÉPONSES SONT DÉJÀ SOUS TON NEZ... MAIS COMME D'HAB, T'AS D'LA MERDE DANS LES YEUX.

ÇA VA VENIR !
PRENDS TON MAL EN
PATIENCE,
ET ARRÊTE DE NOUS
FAIRE CHIER.

C'EST PRESQUE GAGNÉ ! RELAX, SORS UN PEU, FAIS DES MOTS CROISÉS...[12] OU ACHÈTE-TOI DES AMIS POUR TE TENIR COMPAGNIE.

TU ME SOLLICITES
TELLEMENT POUR
TOUT ET N'IMPORTE
QUOI, QUE TU FAIS
UN TROU NOIR DANS
MA PATIENCE.

OUAIS, OUAIS, J'AI BIEN COMPRIS LA RÉPONSE QUE TU ATTENDS. MAIS ÇA NE VEUT PAS DIRE QUE C'EST BON POUR TOI !

NORMALEMENT, OUI.
JE DIS BIEN
"NORMALEMENT"
PARCE QUE Y'A RIEN
DE NORMAL CHEZ
TOI D'HABITUDE.

HUMM ÇA PUE DU CUL. JE SERAIS TOI, JE PRÉVOIRAIS DES PLANS DE SECOURS.

SI TU PERSISTES DANS CETTE DIRECTION, TU VAS FINIR PAR TE PLANTER. ET CE SERA PAS POUR TE TRANSFORMER EN FLEUR !

T'AS TOUTES TES CHANCES !

T'AS PAS BESOIN D'UNE CONFIRMATION, T'AS BESOIN D'UNE THÉRAPIE.

CONTINUE DE COURIR APRÈS CE QUE TU DÉSIRES ! AU PIRE, SI ÇA MÈNE NULLE PART, T'AURAS AU MOINS AMÉLIORÉ TON CARDIO.

OUI ENFIN ! TU VOIS, T'ÉTAIS PAS MAUDIT. JUSTE IMPATIENT (ET UN PEU CHIANT).

J'DIS PAS QUE C'EST FOUTU. J'DIS JUSTE QUE C'EST PAS VRAIMENT EN BONNE VOIE.

OLALA, MAIS TA VIE C'EST UN FEUILLETON ! MÊME MOI, J'SAIS PAS CE QU'IL VA SE PASSER, J'SUIS EN MODE POP-CORN EN ATTENDANT LA SUITE.

TU DÉFIES LA GRAVITÉ AVEC TES ATTENTES IRRÉALISTES TU SAIS. DÉSOLÉ, MAIS JE VAIS TE FAIRE REDESCENDRE SUR TERRE : ÇA NE VA PAS SE PASSER COMME PRÉVU.

TU CONNAIS LE TITANIC[13] ?
LE PAUVRE, IL A MÊME PAS
EU L'TEMPS D'ÉVITER
L'ICEBERG. MOI, J'SUIS
SYMPA, J'TE LAISSE UNE
LONGUEUR D'AVANCE. ALORS
ATTENTION À LA COLLISION.

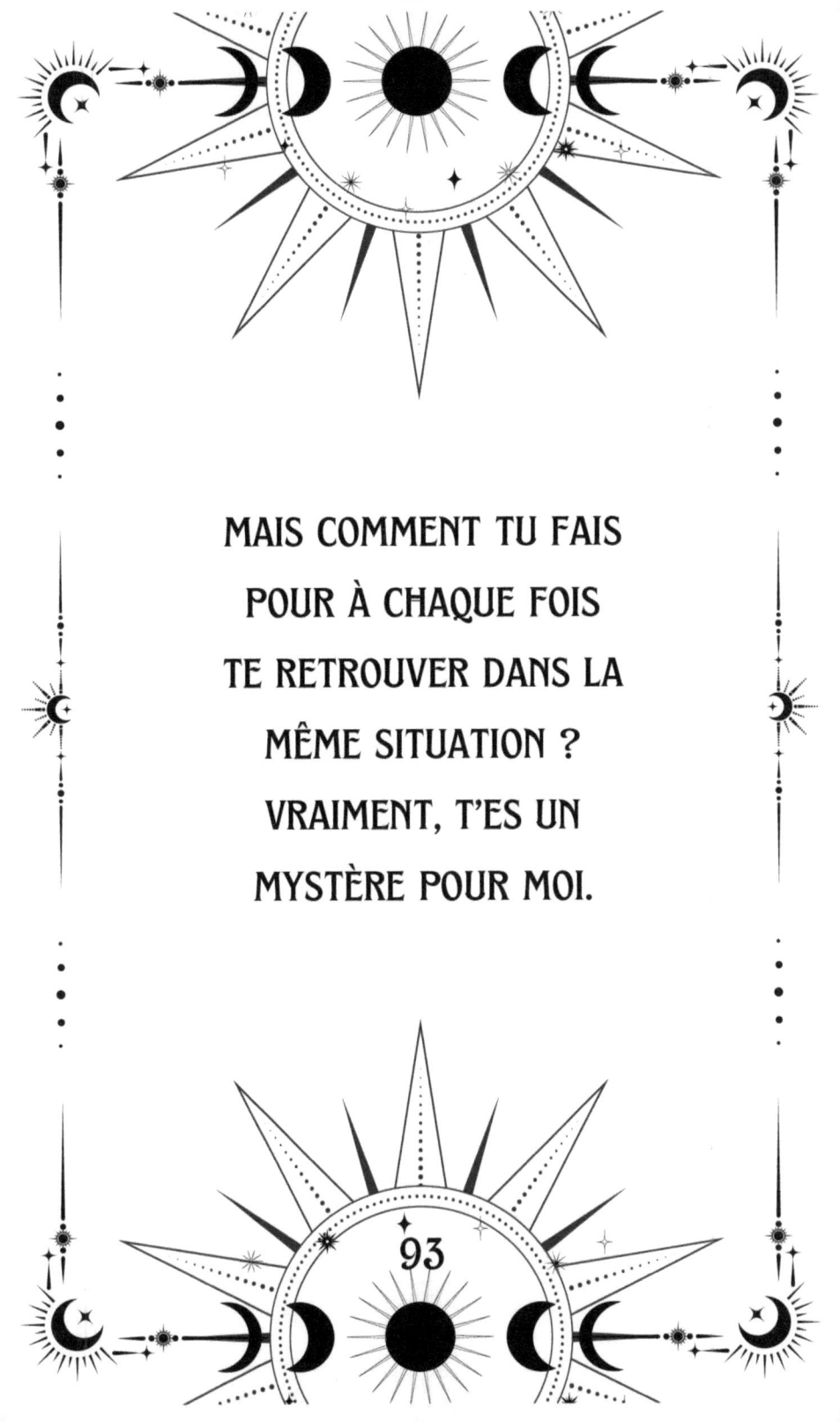

MAIS COMMENT TU FAIS POUR À CHAQUE FOIS TE RETROUVER DANS LA MÊME SITUATION ? VRAIMENT, T'ES UN MYSTÈRE POUR MOI.

OUI, YES, YA, نعم, SIM, DA, TAK, SÌ, 是的, JE CONTINUE OÙ TU AS COMPRIS LE MESSAGE ?

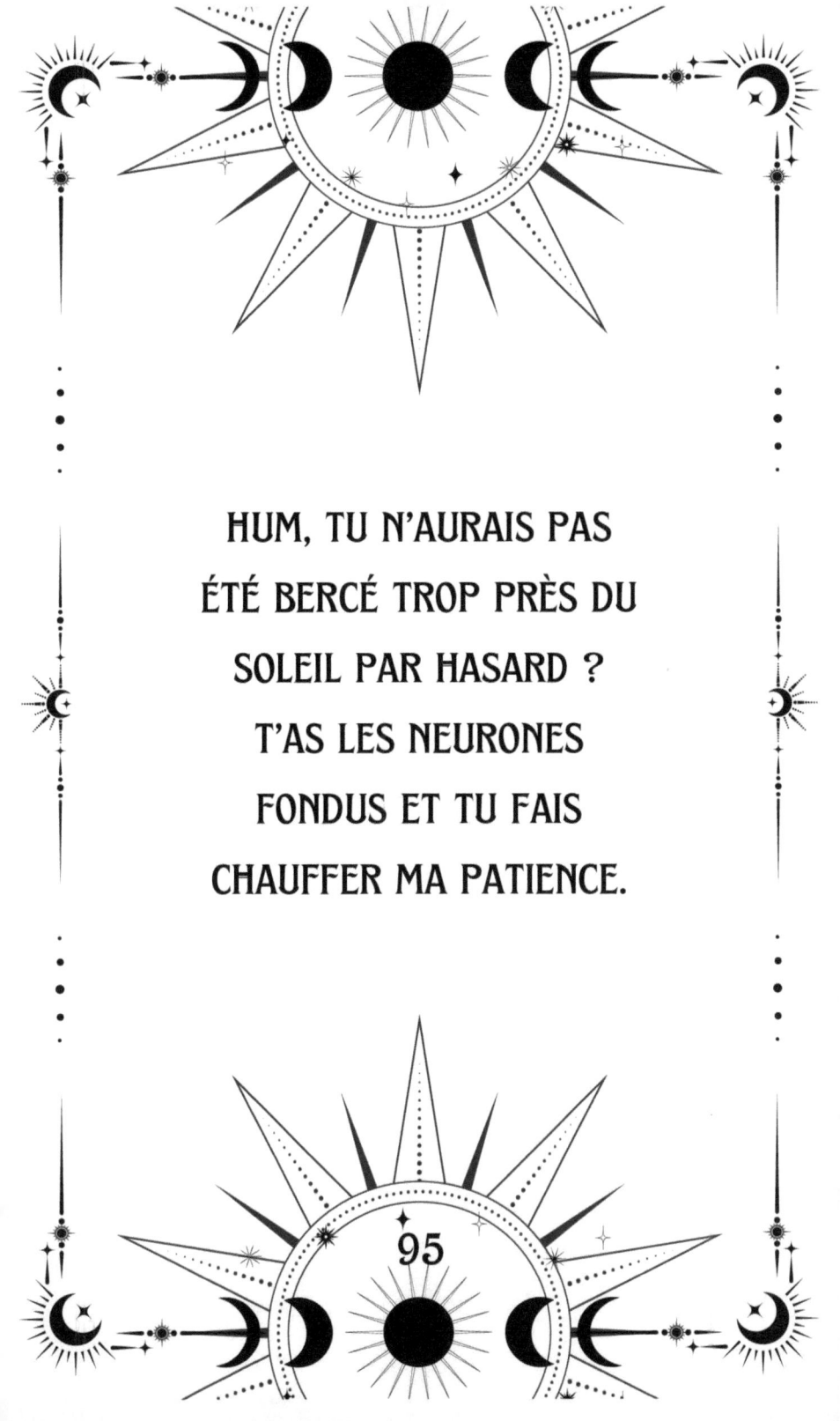

HUM, TU N'AURAIS PAS ÉTÉ BERCÉ TROP PRÈS DU SOLEIL PAR HASARD ? T'AS LES NEURONES FONDUS ET TU FAIS CHAUFFER MA PATIENCE.

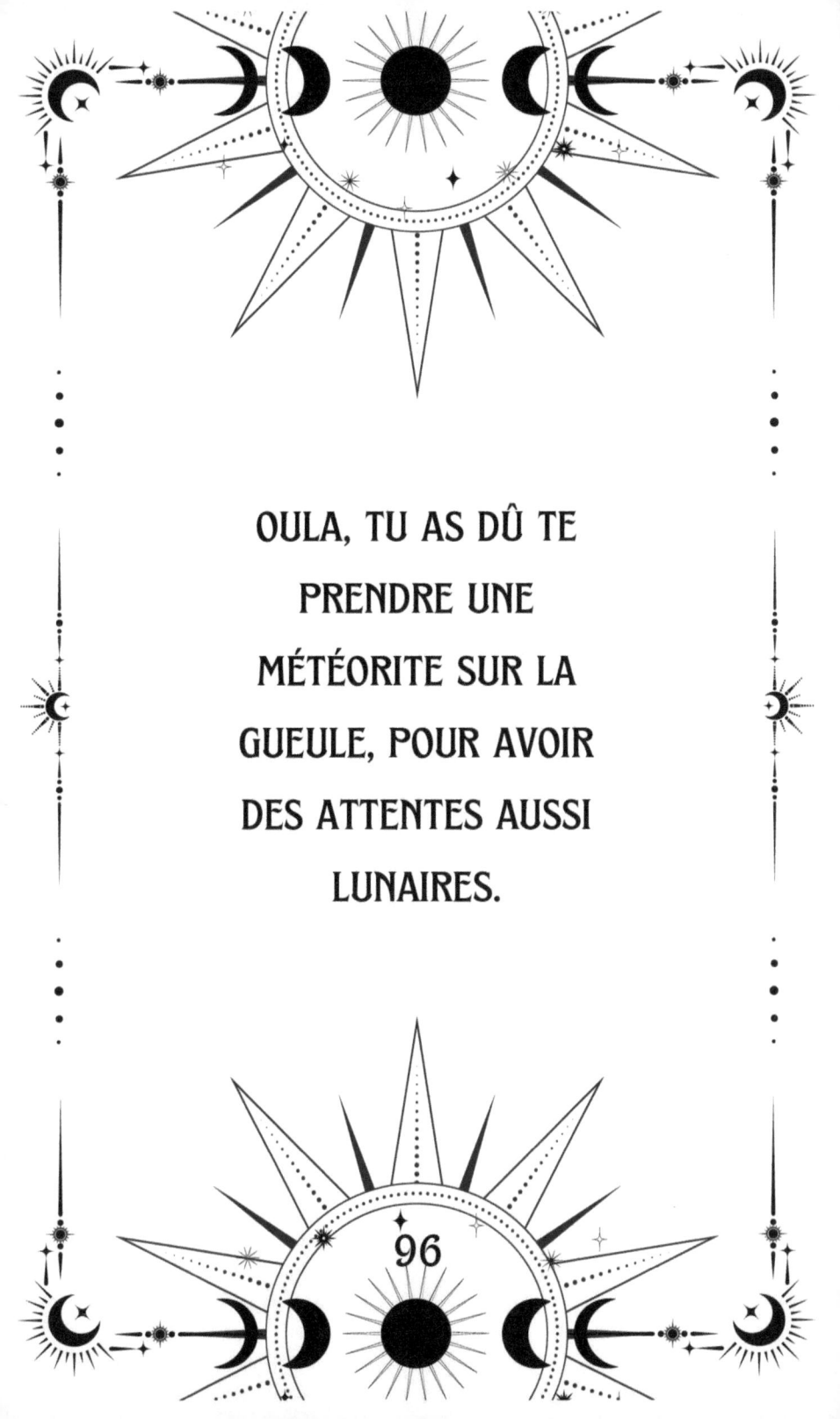

OULA, TU AS DÛ TE PRENDRE UNE MÉTÉORITE SUR LA GUEULE, POUR AVOIR DES ATTENTES AUSSI LUNAIRES.

T'ES PAS LE COUTEAU LE PLUS AIGUISÉ DU TIROIR, MAIS COMME T'ES TROP CHOU, JE VAIS T'ACCORDER CETTE FAVEUR BIENTÔT, HÉHÉ.

Y'A PAS DE RAISONS DU CONTRAIRE.

NON, NIET, HAYIR, NO, NEJ, NÃO, HET, 不是, JE CROIS QUE TU VOIS OÙ JE VEUX EN VENIR.

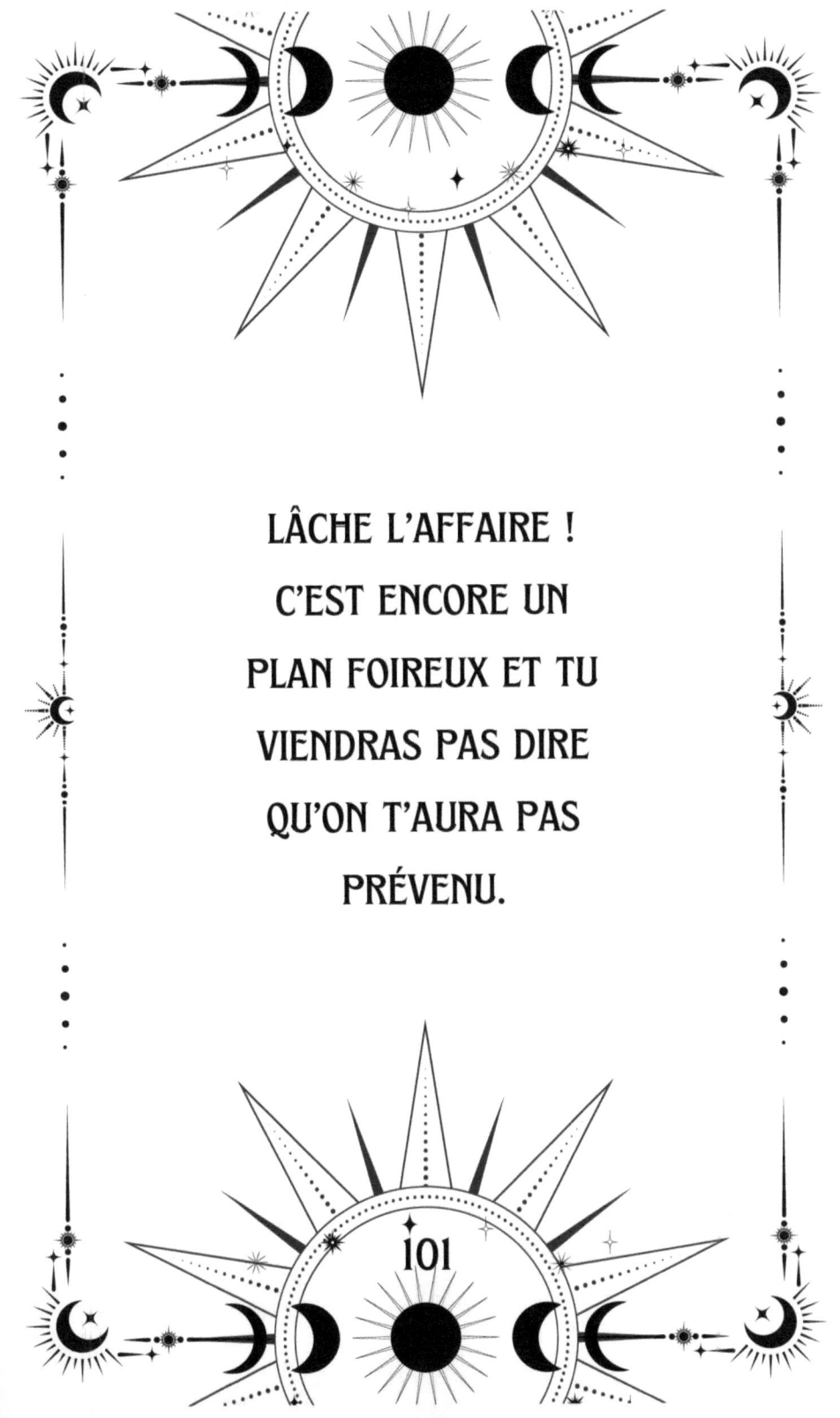

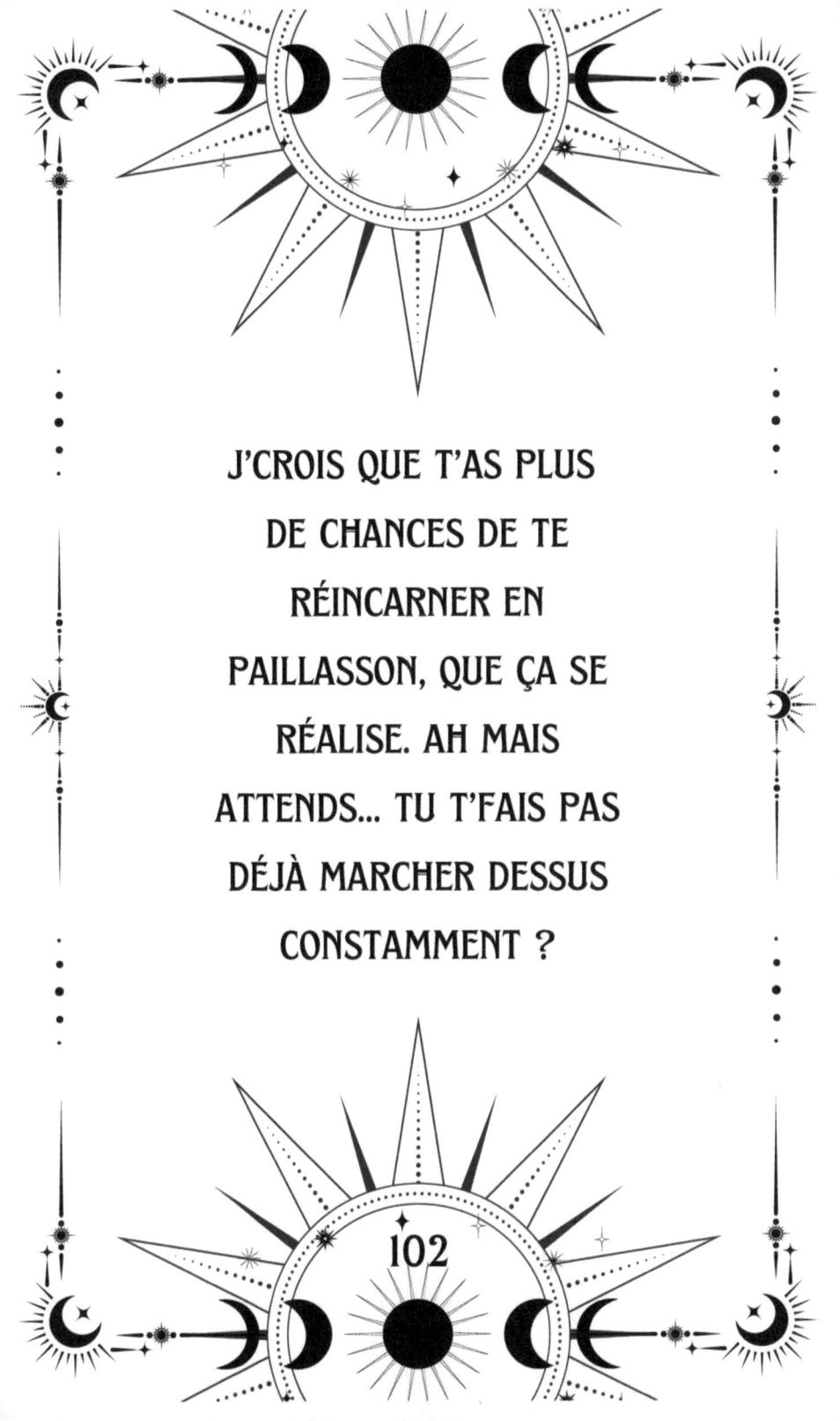

J'CROIS QUE T'AS PLUS DE CHANCES DE TE RÉINCARNER EN PAILLASSON, QUE ÇA SE RÉALISE. AH MAIS ATTENDS... TU T'FAIS PAS DÉJÀ MARCHER DESSUS CONSTAMMENT ?

ANNULE LA MISSION, JE RÉPÈTE : ANNULE LA MISSION ! Y'A PLUS RIEN À SAUVER ICI, À PART TOI MÊME !

TU VAS AVOIR
UNE CHANCE DE
COCU MA PAROLE !
LES ÉTOILES M'EN
TOMBENT.

LA RÉPONSE EST NON. SAUF SI TU VEUX ENCORE PASSER POUR UN(E) BOUFFON(NE).

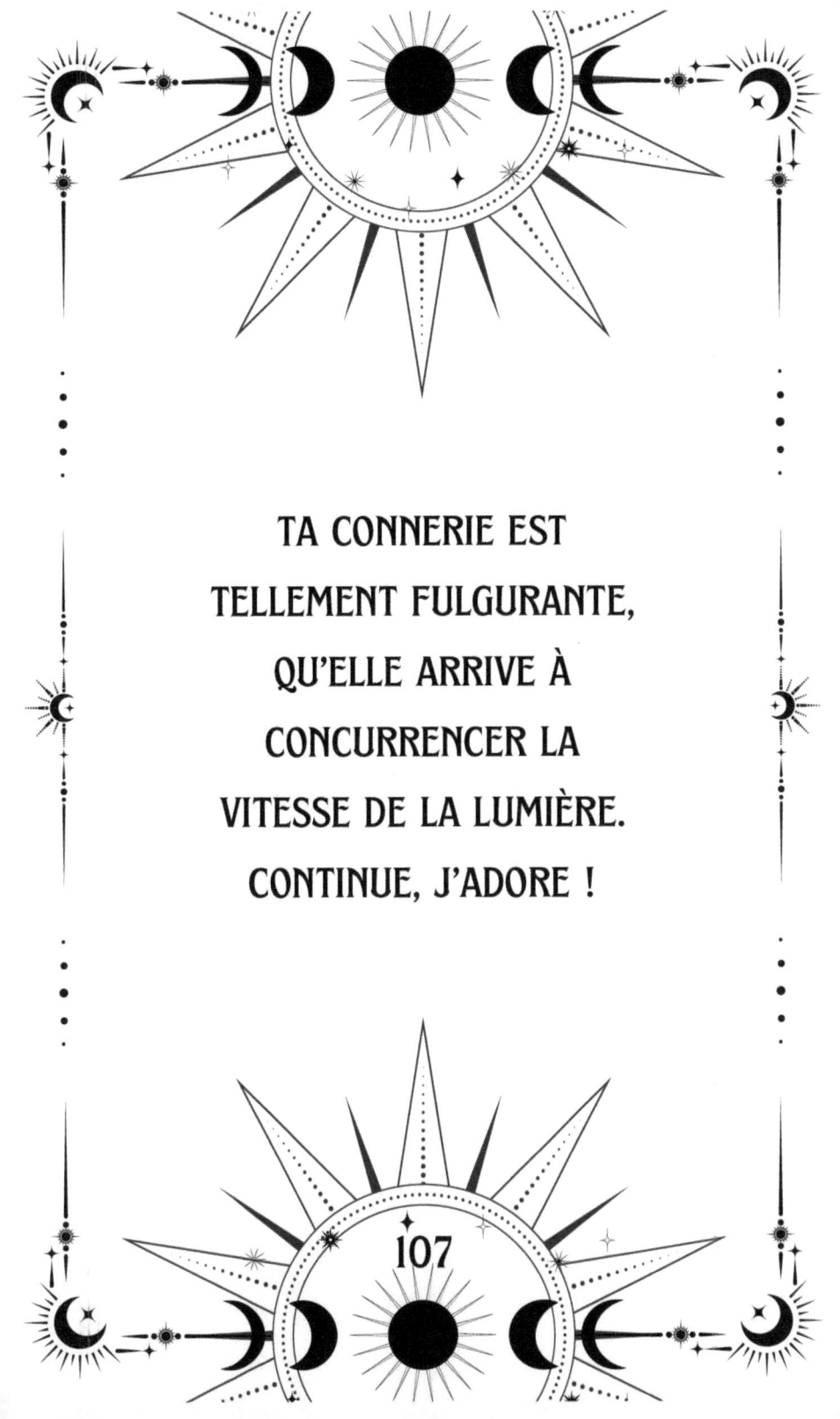

C'EST EN BONNE VOIE
POUR SE CONCRÉTISER.
MAIS AVEC LA CHANCE
QUE TU AS, PRÉPARE
UN PLAN B, AU CAS OÙ.

HÉ BAH... APRÈS TOUTES CES INCARNATIONS, ON AURAIT PU ESPÉRER QUE TU AIES RETENU LA LEÇON. PASSE À AUTRE CHOSE.

C'EST MORT. T'AS PLUS DE CHANCES DE CROISER UN ALIEN EN TUTU QUI DANSE LA MACARENA,[14] QUE ÇA SE RÉALISE.

T'AS TOUTES TES CHANCES... DE NE PAS RÉUSSIR, ENCORE. OUPS.

C'EST UN ÉNORME
DRAPEAU ROUGE.
ALORS FAIS PAS GENRE
QUE T'ES DALTONIEN,
ET CHANGE DE CHEMIN.

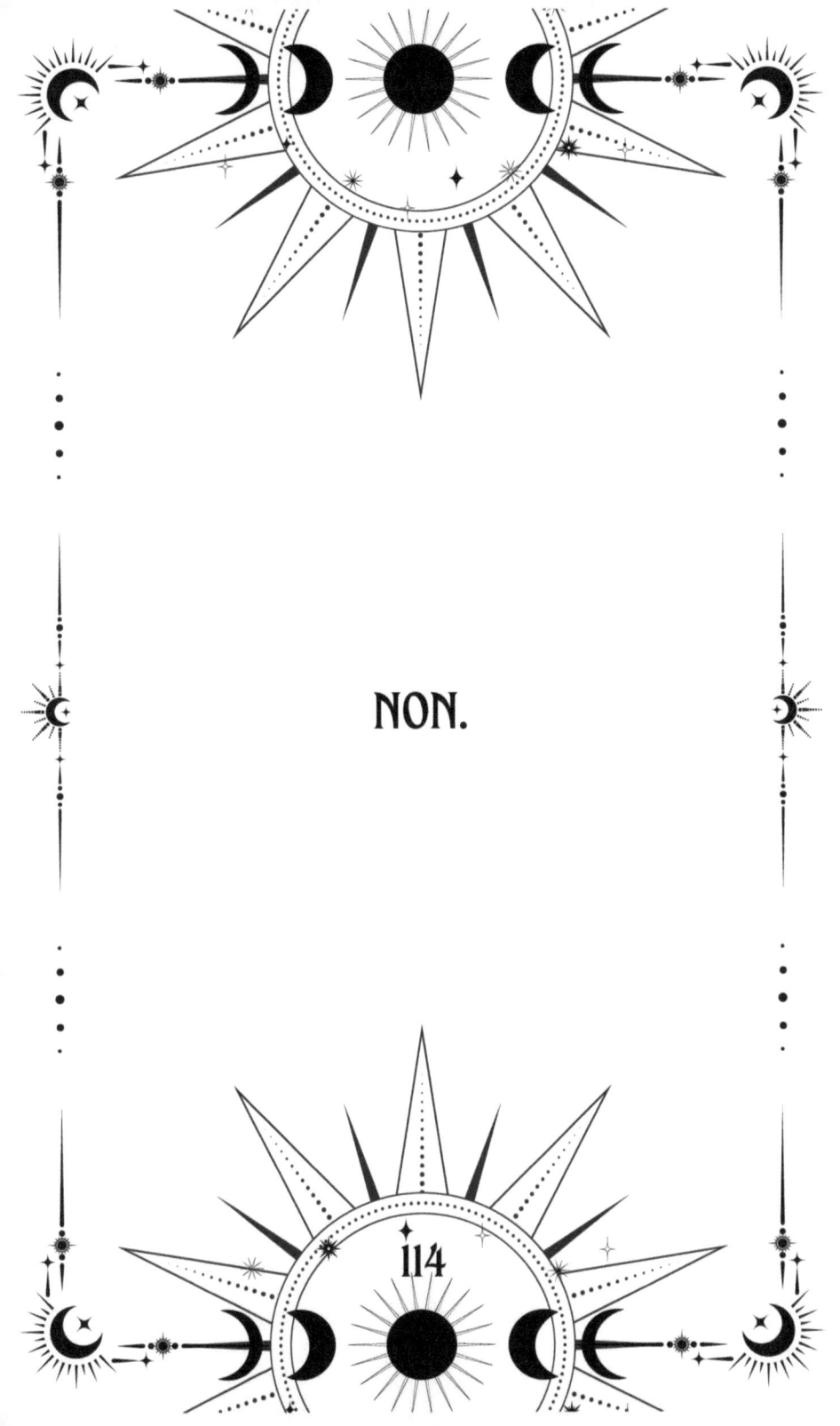

NON.

JE FAIS QUE ÇA T'ENVOYER DES SIGNES ! TU VEUX QUOI ? UNE LETTRE EN RECOMMANDÉ ?

J'VEUX PAS TE FAIRE DE FAUX ESPOIR, ALORS JE PRÉFÈRE FAIRE COMME SI J'AVAIS RIEN ENTENDU.

ÉVIDEMMENT.

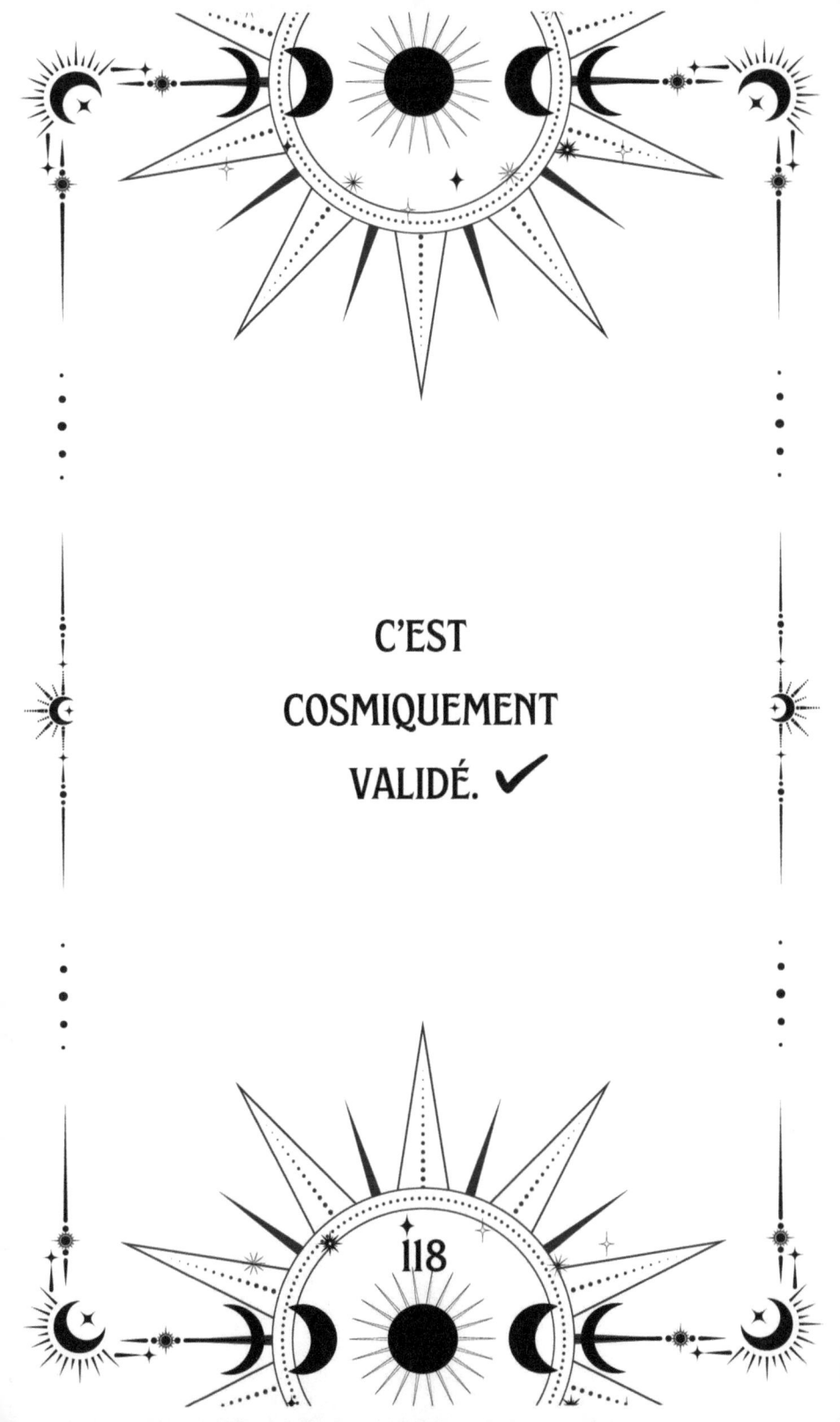

C'EST COSMIQUEMENT VALIDÉ. ✔

FAUT ARRÊTER DE VOULOIR FORCER LE DESTIN. SI ÇA MARCHE PAS C'EST QU'IL Y A UNE RAISON, TU CROIS PAS ?

J'AI HÉSITÉ À RÉPONDRE "NON" JUSTE POUR T'EMMERDER, MAIS TU FAIS TELLEMENT PITIÉ, QUE CE SERA "OUI" FINALEMENT.

TANT QUE TU COMPRENDRAS PAS, TU REVIVRAS LA MÊME SITUATION. ALORS, QUELLE EST LA LEÇON À EN TIRER ?

COMME ON DIT, "TOUT VIENT À POINT À QUI SAIT ATTENDRE", JE SAIS C'EST LONG, MAIS T'ES PAS SEUL AU MONDE. TON TOUR ARRIVE BIENTÔT !

C'EST UNE IMPASSE. JE SAIS QUE T'AIMES BIEN FONCER TÊTE BAISSÉE, MAIS CETTE FOIS, TU DEVRAIS T'ABSTENIR.

RALALA, JE VOIS QUE TU AS ENCORE BESOIN DE VALIDATION. ALLEZ, COMME TU ME FAIS DE LA PEINE, JE TE CONFIRME QUE ÇA VA BIEN SE PASSER. MAIS T'HABITUE PAS TROP NON PLUS.

✦ GLOSSAIRE DES MOLDUS[1] ✦

✦ **1/Moldu :** Terme tout droit sorti de l'univers *Harry Potter*, utilisé pour désigner ceux qui n'ont aucun pouvoir magique. En gros, ceux qui captent rien et sont pas initiés. Mais t'inquiète, après ce petit glossaire, tu passeras de moldu à sorcier confirmé. Bienvenue dans la team

✦ **2/Lexomil :** Médicament de la famille des anxiolytiques, souvent utilisé pour calmer les grosses angoisses (ou détendre ceux qui ont envie de gifler tout le monde).

✦ **3/Lara Fabian :** Chanteuse franco-belge qui a crié l'amour, la douleur et tout le reste à pleins poumons. Ici, clin d'œil à sa chanson *"J'y crois encore"*, que tous les désespérés ont déjà chanté au moins une fois dans leur vie.

✦ **4/Try again :** Hum... j'en connais un qui dormait en cours d'anglais. Franchement, c'est niveau CP. Try again, ça veut juste dire *"Réessaie"*. Mais t'inquiète, personne saura que t'es venu checker ça ici. Sauf moi, évidemment 😏.

✦ **5/Guide :** Si t'es un minimum branché spiritualité, tu vois déjà de quoi je parle. Sinon, pour faire simple : c'est un genre d'esprit, d'ange gardien, en tout cas un mec invisible qui s'est dit *"tiens, si j'allais guider un cas soc pour l'aider à devenir* *moins con"*. On peut en avoir plusieurs, sous différentes formes. Voilà, maintenant t'es au courant. ^^

✦ **6/Burn-out** : Expression anglaise qu'on utilise pour dire qu'on est au bout de sa vie. Si tu connais pas ce terme, c'est que tu l'as pas vécu toi-même. Veinard, va.

✦ **7/La Force** : Concept culte de *Star Wars*. Une énergie cosmique mystérieuse qu'on aimerait bien maîtriser... surtout pour survivre à une réunion Zoom ou faire réapparaître le crush qui nous a ghosté.

✦ **8/Forrest** : Personnage principal du film *Forrest Gump*. Le mec, il a vécu genre 40 vies en une, avec une chance de cocu et un cœur en or.

✦ **9/Sorry** : Mot anglais pour dire *"pardon"*. T'as vu ça ? T'as droit à un cours d'anglais particulier avec l'Univers. Pas mal, non ? Mais entre nous... *"Shut up, bitch"* et *"Go away, pathetic human"* te serviront sûrement bien plus dans la vie (si *tu sais pas ce que ça veut dire, je te laisse googliser tout ça* 😇).

✦ **10/Hobby** : Mot anglais qui signifie *"passe-temps"*. Et oui, stalker ton ex sur les réseaux, ça peut être considéré comme un passe-temps. Je juge pas, chacun ses hobbies. Le mien, c'est bien de me foutre de ta gueule, donc.

✦ **11/Synchronicité** : C'est ton guide et/ou moi - l'Univers -

qui alignons les signes et les coïncidences au bon moment, pour te faire passer un message. En général, personne ne capte rien et on parle souvent dans le vent... mais bon ! On a l'habitude de bosser avec des cas soc.

✦ 12/**Mots croisés :** Jeu qui consiste à remplir une grille à partir de définitions parfois tirées par les cheveux. Activité phare des mères et des grands-mères, à l'époque où y'avait pas encore de téléphone pour s'occuper. Si t'en fais encore aujourd'hui, tu dois certainement approcher dangereusement de la trentaine * * (*ou en être super loin*).

✦ 13/**Titanic :** Paquebot qui a coulé en 1912 (*merci l'iceberg*). On en a fait un film culte avec des violons, de l'amour, et surtout, une planche trop petite pour deux ! (*RIP Leonardo*)

✦ 14/**Macarena :** Titre culte des années 90 sur lequel tout le monde se déhanchait, avec des paroles approximatives qui donnaient quelque chose comme : *"We wantuwan wanabi de macarena, we wantewa to magné de macacena. We wantuwan de wanabi de macarena. Héééé Macarena ! Ha."* Bref, personne savait ce qu'il chantait, mais tout le monde connaissait la choré... sur le bout des pieds.

Si y'a autre chose que t'as pas capté, j'te laisse chercher par toi-même, j'suis pas un dico non plus. Bye.

✦ Clap de fin ✦

Si t'en es arrivé à cette page, c'est que t'as **survécu** à mes punchlines. (*Et que t'as pas jeté le livre. Héhé… pas mal.*)

T'as rigolé ? T'as pleuré ? T'as remis ta vie en question ? Parfait. Ça veut dire que j'<u>ai bien fait mon taf</u>.

Je voulais prendre un instant **solennel** pour remercier la personne la plus importante de cet univers, sans qui tout ça n'aurait pas été possible : **Moi**.
Je me remercie donc chaleureusement pour cette inspiration divine, cet humour mordant, ces jeux de mots sublimes et cette capacité innée à <u>envoyer chier les gens</u>. Vraiment, **merci à moi**.
(*Pardon, je suis toute émue.*)

Et bien sûr, je tiens à remercier les **vraies muses** de ce chef-d'œuvre : les <u>humains de cette planète</u>. Tellement de conneries dans de si petits corps… c'est inspirant. Poétique. Bouleversant. Donc vraiment, merci à vous. Restez comme vous êtes. Vous **m'inspirez** tellement chaque jour que je suis persuadée que "*Allô Univers ?*", verra bientôt son petit frère arriver 😌.

Restez connectés.

✦ Un mot sur l'autrice ✦

Salut, moi c'est **Tania** du coup (*comme tu l'as sûrement lu en première page*). J'ai 33 ans, et un jour, j'ai décidé de mettre ma connerie en page.

Faut dire que depuis quelque temps, je traverse une période pas facile (*ouais, j'sais, j'raconte ma vie… mais c'est mon livre, donc j'fais c'que j'veux*). Pas d'taf, pas d'thunes, pas d'mec, pas d'amis… bref, le genre de vie qui te laisse tout le loisir de **créer** (*au moins ça, c'est gratuit*).

En général, j'suis plutôt réputée pour être **aigrie**. Alors voilà : j'ai décidé que puisque c'était tout ce que j'savais faire en ce moment, autant l'utiliser à bon escient.

J'ai donc mixé mon amour des oracles avec mon aigreur de la vie… et pouf, "**Allô Univers ?**" est né.

Si t'as aimé ce livre, je t'invite **fortement à le noter positivement** (*sinon j't'envoie les foudres de l'univers* 😈 *et, comme tu l'as vu, j'ai une relation privilégiée avec*) et aussi à le **recommander** autour de toi. Et bien sûr, je te remercie chaleureusement d'avoir cru en mon livre en l'ayant acheté 🙏. À bientôt.

✦ Suis-moi sur les réseaux ✦

Et si tu veux m'envoyer un petit mot d'encouragement, me soutenir, ou découvrir d'autres articles tout aussi décalés que cet oracle, sans oublier ma collection spéciale "Sorcière", retrouve-moi sur **www.machepastesmots.com** et sur Tiktok : **@mache.pas.tes.mots**

✦ Numéros à découper ✦

C'est parti ! Sors tes ciseaux feignasse !

1	2
3	4
5	6
7	8
9	10
11	12
13	14
15	16
17	18

<u>19</u>	<u>20</u>
<u>21</u>	<u>22</u>
<u>23</u>	<u>24</u>
<u>25</u>	<u>26</u>
<u>27</u>	<u>28</u>
<u>29</u>	<u>30</u>
<u>31</u>	<u>32</u>
<u>33</u>	<u>34</u>
<u>35</u>	<u>36</u>
<u>37</u>	<u>38</u>
<u>39</u>	<u>40</u>

41	42
43	44
45	46
47	48
49	50
51	52
53	54
55	56
57	58
59	60
61	62

63	64
65	66
67	68
69	70
71	72
73	74
75	76
77	78
79	80
81	82
83	84

85	86
87	88
89	90
91	92
93	94
95	96
97	98
99	100
101	102
103	104
105	106

107	108
109	110
111	112
113	114
115	116
117	118
119	120
121	122
123	124